LETTRES ET MEMOIRES A UN MAGISTRAT DU PARLEMENT DE PARIS,

Sur l'Arrêt du Conseil du 13 Septembre 1774.

Gnarus & irarum causas & summa favoris
Annonâ momenta trahi . . . .

LUCAIN.

LETTRES ET MÉMOIRES A UN MAGISTRAT DU PARLEMENT DE PARIS,

Sur l'Arrêt du 13 Septembre 1774.

PREMIERE LETTRE.

Contenant l'exposition du sujet.

Vous souhaitez, Monsieur, que je réponde par écrit, avec le plus de précision & de clarté qu'il me sera possible, aux difficultés que vous m'avez faites de vive voix contre l'Arrêt du 13 Septembre dernier, sur la liberté du commerce des grains;

Je vous obéis, & je suis l'ordre que vous m'avez tracé.

Vos objections & vos doutes m'ont paru se réduire à trois objets capitaux, que j'ai cru devoir traiter séparément pour mettre plus de netteté dans nos explications.

Vous trouverez donc ci-joint trois Mémoires qui rempliront peut-être vos vues.

Dans le premier, je vous donne, selon vos desirs, un précis historique sur le monopole des grains exercé dans tout le Royaume depuis 1770. C'est le premier point sur lequel vous m'avez interrogé.

Dans le second Mémoire, vous examinerez avec moi s'il faut *contraindre les Laboureurs, les Propriétaires, & les autres, à garnir les marchés*, ou s'il faut leur laisser à cet égard pleine liberté.

Dans le troisieme, nous entrerons dans quelques détails sur la crainte des disettes, & sur les moyens que le Gouvernement peut prendre en cas de cherté, pour soulager le pauvre peuple.

Tels sont les trois objets qui vous sembloient exiger un petit commentaire sur l'Arrêt du 13 Septembre. Ne vous en prenez qu'à moi s'ils ne sont pas bien éclaircis; mais proposez-moi franchement vos objections, j'y répondrai de même.

Vous connoissez les sentiments avec lesquels j'ai l'honneur d'être, Monsieur, votre très humble & très obéissant serviteur,

l'Abbé BAUDEAU.

PREMIER MÉMOIRE

Détails historiques sur le monopole des bleds exercés dans tout le Royaume, depuis 1770.

DANS les derniers temps, le Public étoit persuadé qu'il s'exerçoit un monopole général dans le Royaume sur les grains & sur les farines : le Public avoit raison.

Il ne se trompoit point sur les qualités des monopoleurs, malgré tous les efforts qu'on faisoit pour l'induire en erreur à cet égard. Il savoit bien que le monopole ne s'exerçoit point par des Négocians particuliers pour leur compte.

Mais le Peuple se trompoit sur la nature & les caracteres de ce monopole.

On s'imaginoit que la société des Commissionnaires du Roi faisoit un commerce *à profit*, achetant les grains à *meilleur marché*, & les revendant *plus cher*.

Dans le vrai, cette Société faisoit tout le contraire : elle achetoit *plus cher*, & vendoit à *meilleur marché*, soit à Paris, soit dans les autres Villes: ensorte que son commerce général se faisoit *à perte*, mais à *très grosse perte* pour le trésor royal, c'est-à-dire pour la Nation qui le remplit.

On va demander, pourquoi ce grand commerce *à perte?* Le voici.

1°. Les Commissionnaires avoient de bénéfice un droit de quatre pour cent, savoir, deux pour l'achat, & deux pour la vente: c'étoit le profit en quelque sorte légal stipulé par leur marché.

2°. Ils pouvoient augmenter ce bénéfice par divers moyens, moins légitimes à la vérité, mais possibles, surtout si l'on suppose un peu de condescendance dans les personnes préposées à l'inspection de leurs opérations & de leurs comptes.

Un grand commerce de grains & de farines exige tant d'opérations diverses d'achats & de transports, de conservation, de fabrication & de vente, &c. &c. &c. que des erreurs presque imperceptibles sur chaque mesure forment un total prodigieux.

3°. D'ailleurs on peut assez facilement se procurer de grands profits, par la maniere de recevoir & d'employer des fonds considérables. Si vous pouviez vous faire payer comptant dans une grande Capitale, où l'argent se vend toujours si bien aux emprunteurs ou aux escompteurs, & ne payer qu'en papier, & à termes, & avec des revirements de parties, avec des opérations combinées de banque & de change dans le Royaume & dans les Pays étrangers; cet article seul vous assureroit bientôt la fortune la plus considérable.

Il est évident que ces trois sources de profits seront proportionnelles à la quantité des achats & des ventes.

L'intérêt des Commissionnaires consistoit donc principalement à multiplier de leur mieux ces achats & ces ventes pour le compte du Roi; autant de quatre pour cent, autant de profits sur les petits détails, autant de produit du change.

A raisonner d'après leur intérêt, ils auroient dû avoir pour point de vue d'être seuls Commerçants en bleds & en farines dans tout le Royaume, d'acheter seuls dans les campagnes, de vendre seuls dans les Villes & dans les lieux affligés de disette, non pour leur propre compte, mais pour le compte du Roi.

Tel étoit le but naturel où devoient tendre ces Commissionnaires.

Mais le moyen de l'atteindre n'étoit pas fort difficile à trouver ; il ne s'agissoit que de faire le commerce à *perte*, c'est-à-dire, d'acheter plus cher, & de vendre à meilleur marché, en sacrifiant quelques millions tirés tous les ans du Trésor royal.

Aucun Marchand particulier ne pouvant soutenir long temps la concurrence du Roi Négociant à perte, il étoit nécessaire que les Blatiers & les Fariniers fussent tous dégoûtés, & ruinés successivement.

Par conséquent il falloit les remplacer par les Commissionnaires, & d'autant s'accroissoient pour la Compagnie ses trois sortes de profits au moins possibles.

Il devoit donc exister une guerre ouverte entre les Marchands ordinaires de bleds & de farines négociants pour leur compte, & les Commissionnaires du Roi trafiquants avec les deniers de son Trésor.

Cette guerre a été fort vive depuis l'année 1770 jusqu'au mois de Septembre dernier.

Les Commissionnaires, qui n'avoient présenté leur soumission que pour douze mille septiers, & qui n'étoient autorisés formellement par le feu Roi que pour cette quantité, ont porté leurs achats & leurs ventes jusqu'à six cents mille septiers.

Ils s'y sont cru autorisés par ces mots insérés dans leur soumission, *sauf le remplacement*; ensorte que cinq cents quatre-vingt-huit mille septiers ont été dans un an le remplacement de douze mille, & que le feu Roi doit être censé avoir ainsi compris ces trois mots, *sauf le remplacement*.

A Paris, le commerce naturel n'avoit pas à joûter contre la seule Compagnie des sieurs ** & ** vendant à perte; il avoit encore affaire à celle du sieur **, qui, dit-on, n'achetoit pas dans le Royaume, mais en pays étranger, & qui ne vendoit point dans le reste de la France, mais uniquement dans la halle de Paris.

Cette seconde Compagnie faisoit comme l'autre le commerce par commission, & vendoit tout de même à perte pour le Roi.

Les achats & les ventes des Commissionnaires rouloient donc ainsi déjà sur six à sept cents mille septiers par an ; à vingt francs seulement l'un portant l'autre, c'est treize à quatorze millions qu'il avoit fallu tirer du Trésor Royal pour fonder cette opération.

Treize ou quatorze millions peuvent-ils sortir du Trésor Royal sans que le Peuple ait déboursé le triple au moins de cette somme ? On ne le croit plus en France.

Il faut donc estimer à plus de trente-six millions ce qu'il en a dû coûter à la Nation pour le fonds de ce commerce.

Mais aussi sur un pareil fonds de treize à quatorze millions d'achats, combien n'a pas valu le bénéfice de quatre pour cent ? Combien les menus détails ? Combien les revirements de parties, & les opérations du change ?

C'est bien dommage qu'on ait arrêté le cours de ces opérations en Septembre dernier ; car cette année-ci la récolte ayant été médiocre & très médiocre dans toutes les Provinces méridionales & centrales du Royaume, & tout au plus passablement bonne dans celles du nord seulement, il est probable qu'on auroit porté les achats à un million de septiers au moins, à raison d'un louis d'or.

On auroit donc roulé sur vingt-quatre millions de fonds; les quatre pour cent, les menus détails, & la banque auroient surement produit alors un bénéfice très considérable.

Mais aussi, dix à onze millions de plus à tirer du Trésor Royal auroient obligé de surcharger la Nation de trente.

Le Peuple, même celui des Villes, n'auroit point été soulagé par les ventes des Commissionnaires du Roi, quoique faites à perte pour le Trésor Royal.

On peut l'assurer très positivement d'après l'expérience des années 1771, 1772, 1773 & 1774. Quoique les récoltes eussent été beaucoup moins mauvaises que celles de l'année présente; on sait quelles disettes ont éprouvé successivement l'Auvergne, le Limousin, la Provence, le Languedoc & la Guienne.

On sait combien M. TURGOT a eu de peine, & combien il a fait de sacrifices, pour soutenir sa Province de Limousin. On sait combien la Compagnie d'Afrique a gagné sur son monopole de bleds à Marseille. On connoît les émeutes de Nîmes, de Montauban, de Bordeaux, de Tours & d'autres lieux.

Le pain n'a pas été même à bon marché à Paris, où deux Compagnies vendoient à perte à qui mieux mieux.

Pourquoi ? c'est que les Commissionnaires du Roi *achetoient cher*; c'est qu'il y avoit probablement beaucoup de faux-frais & de gaspillages; c'est que la Compagnie avoit intérêt de laisser naître, ou même de faire naître des disettes locales, pour prouver son utilité.

N'insistons pas sur ces derniers articles pour n'accuser personne.

Mais les Laboureurs & les Propriétaires, bien informés qu'il y avoit des Commissionnaires du Roi; que ces Commissionnaires avoient intérêt d'acheter, & d'acheter cher, n'avoient garde de vendre à bon marché : aussi a-t-on vu les prix se soutenir fort haut, malgré les bonnes récoltes.

Plus les Commissionnaires achetoient cher, plus leur valoient le droit de commission à deux pour cent, plus ils déroutoient ou ruinoient les autres Marchands : voilà leur double intérêt.

Après s'être assurés d'un bon profit sur les achats ; ils vendoient à plus bas prix que les autres Marchands. Il leur en coûtoit un peu de diminution sur le droit de deux pour cent de commission à la vente ; mais ils détruisoient d'autant le commerce libre, & s'approchoient d'autant de leur but ; d'être seuls acheteurs dans les campagnes, seuls vendeurs dans les Villes.

Peut-être que si l'on examinoit bien l'ensemble de leurs opérations, elles paroîtroient dirigées avec intelligence vers cet objet, de détruire tout commerce libre des Blatiers & des Fariniers.

Six à sept cents mille septiers, trafiqués avec art dans le Royaume par des personnes qui ont intérêt d'acheter cher eux-mêmes, & de faire acheter cher aux autres Marchands, peuvent-ils venir les grains & les farines, à haut prix, même après une bonne récolte ?

Oui, sans doute, à deux conditions. La premiere, que ces gros acheteurs paieront avec l'argent d'autrui, & auront la faculté de consommer peu à peu cet argent, en vendant à perte.

La seconde, que, pour d'autant mieux favoriser leurs manœuvres, on forcera les vendeurs & les acheteurs à se rendre dans les marchés, & qu'on les empêchera de traiter ailleurs que dans les halles, à tel jour, à telle heure précise.

Rien de plus facile que de montrer l'efficacité de ces deux conditions, ainsi que d'une troisieme, qui répond à la seconde, & qu'on n'avoit eu garde de négliger.

Supposé que j'aie formé le dessein de m'attribuer le monopole absolu des grains & des farines ; d'en être, autant qu'il me sera possible, seul acheteur & seul vendeur dans tout le Royaume, à quatre pour cent de commission, outre les menus détails & le change.

Mon *but ?* le voici : c'est de *ruiner* successivement tous les autres Marchands, d'empêcher qu'il ne s'en forme à leur place.

Mon *moyen*? le voici: c'est d'*acheter plus cher* qu'eux, & de vendre à *meilleur marché*. Ce n'est pas un sortilege.

Je veux d'abord savoir à qui j'ai affaire, connoître les Marchands, leurs moyens, leurs talents, le lieu de leurs achats, & celui de leurs ventes.

Je demande qu'on les oblige de s'inscrire aux Greffes; de notifier leurs sociétés, de déclarer leurs magasins. Voila mes ennemis connus.

S'ils pouvoient acheter dans les greniers des Laboureurs, & vendre dans les leurs, je ne saurois rien. Ils pourroient acheter au même prix, ou à meilleur marché que moi; ils pourroient vendre de même; il me faudroit à tous les instants un espion dans tous les greniers.

Je demande qu'on les force à n'acheter que dans les marchés réglés, à tel jour & à telle heure, avec défenses aux Fermiers & Propriétaires de vendre ailleurs qu'au marché, avec injonction très formelle de porter tous leurs grains à ces marchés, sous prétexte de les garnir.

Ce dernier point fait grand plaisir à la populace des Villes & aux Officiers de Police.

Il ne me faut plus qu'un Commissionnaire dans chaque marché ; ma machine est montée dans tout le Royaume ; je donne à ce Commissionnaire une petite portion de mon bénéfice de quatre pour cent, je lui passe quelque menu détail, & quelques douceurs sur le change.

Pourvu qu'un autre me *fournisse les fonds* ; & qu'il me soit permis d'en *perdre* tous les ans une partie, je suis bien certain de mon opération.

Nommez-moi le Marchand que vous voudrez, soit étranger, soit national, & je vous le ruine infailliblement le premier.

Je sais, par les registres, ses Associés & leurs fonds, ses Commissionnaires, ses magasins pour l'achat, ses magasins pour la vente.

Ordre à mes *Agents d'acheter cher & très cher*, quand il se présente comme *acheteur*. *Ordre* de *vendre* à *bas & à très bas prix*, quand il se présente comme *vendeur*.

Imaginez un moyen de le sauver de mes mains, lui & tous ses pareils ; que j'ai le plus grand intérêt de dégoûter de ce commerce.

Telles sont les conditions nécessaires au monopole des Commissionnaires du Roi.

Telles sont précisément les dispositions de l'Arrêt du Conseil du 23 Décembre 1770.

Les Négocians étrangers & nationaux cesserent alors de faire en grand le commerce des grains. Les Blatiers & les Fariniers ont été ruinés & dégoûtés de leur petit trafic ; les Commissionnaires du Roi ont étalé toutes les marques de l'opulence. Le pain a été cher ; malgré les bonnes récoltes de 1771, 1772 & 1773.

Celle de 1774 a été fort mauvaise presque par tout. Les Commissionnaires ont cessé d'acheter au mois de Septembre dernier.

Déja dans le mois de Novembre, les Négocians étrangers & nationaux ont commencé de faire venir des bleds de-

Hollande & de Hambourg ; ils ont donné des ordres pour en faire venir au printemps de plus loin. Déja les Marchands, les Blatiers, les Fariniers reprennent courage ; les marchés sont garnis, quoi qu'en disent quelques personnes mal instruites ou mal intentionnées ; il n'est encore point survenu de renchérissement trop subit, ni trop considérable en aucuns endroits, malgré les plus mauvaises récoltes locales qui ont été si universelles dans le Royaume (1).

Voulez-vous ramener le monopole des Commissionnaires du Roi, le rendre infaillible & nécessaire ? vous n'avez qu'à renouveller les dispositions de l'Arrêt de 1770.

Avec ces dispositions, le commerce libre ne peut jamais pourvoir suffisamment aux besoins des lieux & du moment. C'est une vérité bien démontrée dans le préambule de l'Arrêt du 13 Septembre dernier. Ces dispositions

(1) Il est très remarquable que l'année derniere 1773, la récolte étant fort bonne, le bled coûtoit à la fin de Novembre trois livres plus qu'il ne vaut cette année qui est mauvaise.

nécessitent donc les approvisionnements d'ordonnance, elles fondent le monopole, & lui donnent tous les moyens de s'étendre. Je reprendrai les preuves de cette vérité dans mon troisieme Mémoire; j'espere y prouver, 1°, que le commerce fait par des particuliers en gros & en détail, est le meilleur préservatif des chertés.

2°. Que ce commerce ne peut jamais opérer aucun bien, s'il y a des réglements & des contraintes pour les marchés, s'il y a des approvisionnements pour le compte du Roi.

Les Commissionnaires exerceront toujours le plus redoutable des monopoles, ils entretiendront toujours la cherté comme ils ont fait pendant quatre ans.

On invoque souvent l'*expérience*, la voilà bien caractérisée.

Depuis 1771, les récoltes ont été moins mauvaises tous les ans; il n'y en avoit pas une seule aussi médiocre que celle-ci. Cependant la cherté générale s'est soutenue, il y a eu des disettes locales, presque des especes de famines.

Les Monopoleurs privilégiés, &

leurs partisans, ont eu le front d'objecter contre la Déclaration du 25 Mai 1763, la cherté de 1768, dans les discours qu'ils font répandre, & dans les livres qu'ils ont fait écrire, lorsqu'ils en échoient d'y répondre. On y trouve toujours ce prétendu raisonnement d'une mauvaise foi très insigne & très caractérisée.

» Les réglements, renouvellés en » 1770, avoient été abrogés sur les » instances des gens à systêmes. Qu'en » est-il arrivé ? Des chertés affreuses. » Voilà l'expérience qui est supé- » rieure à tous les raisonnements ».

Datez donc les événements dont vous parlez, & ajoutez donc les faits connus de vous & de toute la terre, vous qui tenez ce langage.

Dites donc, en 1763, ces réglements furent abolis dès le commencement de l'année, il n'y a eu qu'abondance & prospérité dans le Royaume en 1763, 1764, 1765, 1766, 1767 jusqu'à Pâques, malgré les entraves que vous & vos partisans n'avez cessé de mettre, par vos émissaires & vos manœuvres secrettes, à la liberté du commerce intérieur établie en Mai

1763, sous le Ministere de M. Bertin.

1°. Pourquoi passez-vous sous silence ces cinq années de prospérité, pendant lesquelles il ne s'est élevé aucune plainte dans les Villes, pendant lesquelles toutes les cultures se sont rétablies, pendant lesquelles des friches sans nombre ont été labourées.

Premier article de mauvaise foi. Dites-nous en quel endroit il y a eu famine, disette, révolte, en 1763, 1764, 1765, 1766 & même 1767? dites-le nous: ou convenez que voilà cinq ans d'expérience en faveur de la liberté.

2°. Mais avant de nous parler de 1768, pourquoi dissimulez-vous le terrible événement de 1767? Dites donc, pour ne pas tromper le pauvre Peuple, dites donc que la nuit de Pâques, au mois d'Avril de cette année 1767, la plus funeste gelée qui soit arrivée de mémoire d'homme détruisit en France presque toute récolte, sans exception: bleds d'hiver, bleds de Mars, qui étoient semés & levés, légumes, fruits, vins, tout fut gelé ce jour-là.

Ce fait est-il vrai? Répondez. S'il l'est malheureusement trop, comment osez-vous le supprimer dans vos diatribes ?

Il y eût cherté en 1767 & 1768, rien n'est plus vrai, rien n'étoit plus infaillible, plus nécessaire, par l'ordre de Dieu lui-même, qui nous retira presque toute récolte.

En 1709, la gelée vint le jour des Rois ; il y eut des menus grains semés en Mars qui réussirent très bien ; il y eut des fruits & du vin en beaucoup d'endroits. En 1767 tout avoit poussé au mois d'Avril, & presque tout fut perdu.

Cette année 1767 ayant été aussi mauvaise qu'en 1709, qu'on 1724, qu'en 1740 ; si c'étoit avec bonne foi que vous parlez d'expérience, il faudroit comparer le prix des grains & du pain en 1768 avec ceux des années terribles, arrivées sous l'empire de vos réglements.

Osez donc la faire cette comparaison ! Non, vous ne la ferez point : mais du moins démentez-moi donc, si vous pouvez, je vais la faire.

En 1767 & 1768 le prix du bled n'a pas passé 40 francs le septier de Paris, dans le Royaume, premier fait. Or, depuis 1663 jusqu'en 1763, pendant cent ans, sous l'empire des réglements renouvellés en 1770, le bled passa plus de trente fois le prix de soixante francs de notre monnoie actuelle, second fait. Je vous cite mes garants, M. Dupré de Saint-Maur, dans son ouvrage fait il y a vingt ans sur les monnoies, & les registres des marchés.

Que disent ces deux faits incontestables? que l'année 1767 ayant été une des plus mauvaises possibles, les prix n'ont pas été en 1768 & 1769 aussi excessifs qu'ils le furent dans le temps de vos réglements, après des années moins fâcheuses.

Ce n'est pas tout, & je ne vous ferai pas grace d'une troisieme imposture.

3°. Y avoit-il de la liberté en 1768 & 1769? N'y avoit il pas des approvisionnements d'ordonnance? N'y avoit il pas des bleds saisis, arrêtés, vendus de force par-tout par les Officiers Municipaux & de Police? N'y avoit-il pas des réclamations & des

Arrêts des Parlements de Rouen, de Dijon & de Paris contre la liberté? des accusations & des procédures ? Le recueil n'en est-il pas entre les mains de tout le monde ?

Voilà les faits, les voilà tels que nous les avons tous vus se passer sous nos yeux.

Rétablissez donc l'histoire défigurée par des mensonges. En 1763, 1764, 1765, 1766 & 1767, liberté, quoique un peu restreinte : prospérité, pleine prospérité pour le Royaume.

La nuit de Pâques 1767, destruction de presque toute récolte, par la gelée, renchérissement inévitable, clameurs suscitées par les Monopoleurs privilégiés, qui vouloient approvisionner d'ordonnance ; fausses mesures du Gouvernement, atteintes portées partout à la liberté du commerce intérieur.

Et cependant la cherté ne fut pas aussi excessive qu'elle l'avoit été du temps des antiques réglements après les mauvaises années ; elle le fut d'un tiers moins, oui, d'un grand tiers.

Car dans les cent ans qui ont précéde la liberté, depuis 1663 jusqu'en 1763, il y en a plus de trente où le bled s'est vendu au-delà de 60 francs de notre monnoie actuelle le septier de Paris, & en 1768 il ne se vendoit pas plus de 40 francs.

Au reste, tout ce qui s'est passé depuis 1769 n'a plus aucun trait avec la liberté, elle n'existoit plus de fait, & on travailloit à découvert à la détruire légalement.

Mais une expérience bien véritable, c'est celle de 1771, 1772, 1773 & 1774. Il n'y a pas eu d'accident pareil à celui de Pâques 1767; les récoltes ont été assez bonnes dans tout le Royaume; la liberté étoit détruite, les réglements rétablis. Qu'est-il arrivé dans ces années? Un haut prix universel, des chertés & même des disettes locales.

Joignez ces quatre années au cinq qui se sont écoulées depuis le retour de la liberté en 1763 jusqu'à l'accident affreux de Pâques 1767, & vous aurez l'*expérience*, la véritable *expérience*, telle que le bon sens & la probité disent de la considérer.

Quelle

Quelle en eſt le réſultat de cette *expérience ?* C'eſt que la liberté du Commerce des grains eſt la mere de la proſpérité publique & particuliere.

C'eſt que les réglements renouvellés en 1770, & le monopole des Commiſſionnaires du Roi fondé par ces réglements, ſont des fléaux deſtructeurs pour les Villes & pour les campagnes.

Mais, diront les perſonnes ſages & bien intentionnées, quoique timides & circonſpectes, en rétabliſſant la liberté, n'y a-t-il point d'inconvénients à craindre pour les Villes, & ſur tout pour la Capitale ?

Cette queſtion mérite qu'on la traite exprès dans un ſecond Mémoire, d'autant mieux que la médiocrité de la derniere récolte peut faire craindre quelque renchériſſement, le commerce libre n'ayant pas eu le temps d'y ſuppléer avant l'hiver, vu le peu de temps qui s'eſt écoulé depuis la publication de l'Arrêt du 13 Septembre.

Je me propoſe donc d'examiner ſpécialement cette grande queſtion, s'il faut contraindre les Laboureurs & les Marchands à garnir les marchés, ou s'il ne faut pas les y forcer. Ensuite je chercherai dans un troisieme Mémoire quels sont les moyens les plus avantageux que le Gouvernement puisse employer, en cas de cherté, pour soulager les pauvres.

Fin du premier Mémoire.

SECOND MÉMOIRE.

Sur les Reglements qui concernent les Halles & Marchés.

IL est facile de prouver que l'obligation imposée par quelques anciens réglements de Police, toujours mal exécutés, de porter au marché tous les grains & toutes les farines, avec défense absolue de les vendre ailleurs qu'à la halle, seroit une espece d'impôt très onéroux au Peuple des Villes & des campagnes.

On a calculé que les droits des marchés, les frais & faux frais du vendeur & de l'acheteur coûteroient plus de seize millions (1) tous les ans au

(1) Il se vend dans le Royaume, en grains & farines, plus de vingt-quatre millions de septiers de bled par an.

Les droits des marchés, les frais & faux-frais de voiture, la perte du temps du Vendeur & de l'Acheteur coûtent plus de quinze sols par septier. C'est un fait que chacun peut calculer. Le total de la surcharge est donc au moins de seize à dix-huit millions de livres par an. N'est-ce pas là un gros impôt ?

pauvre Peuple sur son pain quotidien.

N'est-il pas étrange d'exiger qu'un Laboureur, éloigné de trois ou quatre lieues du marché le plus prochain, soit obligé de voiturer tout son grain par la pluie, par la neige, par des chemins détestables ; pour qu'un Vigneron, un Artisan, un Bourgeois, un Boulanger qui demeurent dans la même Paroisse, porte à porte de ce Laboureur, soient contraints d'aller aussi à quatre lieues pour acheter ce même grain, & pour le transporter précisément à l'endroit d'où il étoit sorti, après avoir couru des risques, essuyé des accidents, & payé des droits de halle?

Un pareil réglement exécuté à la rigueur, comme on a voulu le faire partout depuis 1770, seroit très évidemment un des plus terribles impôts qu'on pût mettre sur tous les habitants des campagnes éloignées de trois ou quatre lieues des marchés.

Or, il y en a beaucoup dans le Royaume, & de très pauvres, & déja surchargés par tant d'impôts, que la continuation de celui-ci les ruineroit absolument, & cela sans aucun profit pour le Roi; car tout est en perte de temps pour les hommes & pour les animaux de ſervice, tout en frais & en faux-frais, à l'exception d'une très petite partie des droits de halles.

On aſſure que le deſſein de faire exécuter ce réglement par-tout à la rigueur, a fait-naître des diſcuſſions incroyables ; qu'on a pouſſé les prétendus ſcrupules juſqu'à diſputer aux Laboureurs le droit de payer chez eux en bled les Ouvriers qu'ils avoient employés ; & aux Curés, celui de prêter chez eux du bled à leurs Paroiſſiens, pour les mettre en état d'attendre la récolte.

On diſoit que c'étoit là des fraudes, des ventes ſimulées, faites hors des marchés contre l'eſprit & contre la lettre du réglement : & dans le fonds on avoit raiſon, ces chicanes étoient fondées en bonne logique.

L'Ordonnance priſe à la lettre, miſe par-tout en exécution avec exactitude & ſévérité, ſeroit donc trop manifeſtement le comble de la déraiſon & de la barbarie contre le pauvre Peuple des campagnes.

Il eſt donc impoſſible de croire qu'aucune perſonne honnête réfléchiſsant de bon sens, puisse regarder comme une bonne loi » la défense générale » & absolue d'acheter, ni de vendre » grains ou farines quelconques, au- » tre part que dans les marchés ».

Les Monopoleurs privilégiés sont ceux qui sollicitent la rénovation & l'exécution de ce réglement ; ils en ont besoin, & ils savent en tirer bon parti, pour augmenter sans cesse leurs profits. C'est une vérité démontrée par le raisonnement & par les faits dans le premier Mémoire historique sur le Monopole des grains exercé dans le Royaume depuis l'année 1770.

Ces Monopoleurs privilégiés, leurs protecteurs, fauteurs, participes & adhérents, qui sont nombreux, accrédités & fervents, sont aisés à reconnoître à ce mot du guet, *il faut garnir les marchés*. C'est là, pour l'armée *monopoliste*, le *mont joie St. Denis*.

Quand ils sont assurés d'avoir toute la denrée dans un petit nombre de halles avec tous les vendeurs & tous les acheteurs ; ils savent bien qu'ils y mettront le prix par leurs agents ; qu'ils le feront hausser à leur gré en achetant cher ; & baisser, en vendant à bon marché.

Les honnêtes gens, qui ne connoissent ni le but de ces Monopoleurs, ni leurs intérêts, ni leurs manœuvres, se laissent séduire par cet axiôme : *il faut faire garnir les marchés*. Ils n'y voient qu'un moyen d'assurer la subsistance du pauvre Peuple des Villes, & de l'entretenir à bon marché.

Il ne faut pas faire garnir les marchés. Cette proposition a l'air d'un paradoxe cruel ; il semble qu'on veuille arracher le pain de la bouche du Peuple, faire naître la disette dans les Villes, & condamner les pauvres journaliers à mourir de faim.

Ces idées révoltent naturellement les ames justes & sensibles, & c'est avec raison qu'elles en sont scandalisées.

Mais ne seroit-ce pas la faute de leur imagination qui va trop vîte ?

Commençons par examiner de sens froid ces questions-ci. » En ne forçant » personne de garnir les marchés ; » mais en laissant seulement la li- » berté aux acheteurs & aux ven- » deurs de s'y rendre quand ils vou-

» dront, est-il bien vrai qu'on occa-
» sionne la cherté, la disette, la mort
» des pauvres, qui périront de faim !

Premierement, il faut considérer que si les consommateurs de la Ville ont besoin d'acheter du bled, les producteurs de la campagne ont besoin de le vendre.

Ne faut-il pas vivre, payer ses ouvriers de toute espece, & les impôts & les fermes des propriétaires ? Oui, sans doute.

L'argent est donc le besoin du Fermier ou Cultivateur en chef : ce besoin est très grand & très pressant pour lui.

Ceci mérite, même en passant, une considération particuliere. Des personnes éclairées ont fait ce raisonnement-ci, auquel je ne vois point de réponse solide.

Vous voulez que les Cultivateurs soient obligés à porter toutes les semaines la cinquante-deuxieme partie de leurs denrées à vendre sous les halles de la Ville la moins éloignée. Votre raison est que le Consommateur en a besoin ; que c'est pour lui la premiere nécessité.

Mais le producteur a besoin d'argent, & c'est aussi pour lui la premiere nécessité; car, faute d'agent, il sera poursuivi, saisi, exécuté, ruiné à fonds, lui & son attelier d'exploitation, & sa culture, au grand préjudice du propriétaire, & de tous ceux qui vivent sur la dépense de ce Fermier, sur celle de son Propriétaire, au grand préjudice du Roi même, & de ses Fermiers, & de ses Salariés, qui retirent du profit de cette dépense. L'argent nécessaire au Cultivateur pour payer ses dépenses, son propriétaire, ses impôts, est donc une condition essentielle à sa culture; c'est la cause effective de ce même bled que vous voulez faire vendre.

Vous devriez donc obliger aussi les acheteurs consommateurs de la Ville à venir porter leur argent au marché, à exhiber toutes les semaines la cinquante-deuxieme partie de la somme annuelle qu'ils dépensent en bled.

Quand on a statué que les grains une fois étalés au marché n'en pourroient plus sortir, mais qu'à la troisieme séance le vendeur seroit obligé de les livrer au prix offert, il falloit en ordonner autant sur l'argent des consommateurs ; le sac de monnoie une fois présenté au marché, auroit dû y rester, pour être délivré tout au plus tard à la fin du troisieme marché, au prix du Laboureur.

Car enfin il est tout aussi vrai de dire » le cultivateur marchande l'ar» gent de l'homme de Ville » que de dire » l'homme de Ville marchande le » bled » ; & le besoin ou la nécessité sont les mêmes respectivement.

On a vu bien des fois des milliers de cultivateurs emprisonnés & ruinés faute d'argent, pendant qu'ils avoient leurs greniers pleins de bleds qu'on ne vouloit point acheter. Ceux qui les avoient forcés à garnir de grains les marchés des Villes auroient dû forcer les citadins à garnir leur bourse d'argent.

Agir autrement, c'est évidemment avoir deux poids & deux mesures.

Mais, dira-t on, les Laboureurs s'entendront ; plusieurs sont riches & très riches, ils peuvent se passer de vendre ; ils ne vendront pas, & les marchés seront vuides.

Convenons qu'il y ait des Fermiers riches : tant mieux ; car pauvres Fermiers, pauvres cultures, pauvres Propriétaires, pauvre Peuple, pauvre Roi, pauvre Etat. Mais est-ce le plus grand nombre qui puisse garder une double récolte? Non, surement.

La majeure partie sera toujours forcée par le besoin d'argent, à vendre sa récolte annuelle.

Mais les riches garderont. C'est selon. Si la récolte de cette année-ci est abondante, si le grain est de bonne qualité & à bas prix, un Fermier riche & sage gardera pour vendre l'année prochaine, en cas qu'elle soit mauvaise.

Mais croyez-vous donc en pareil cas que ce soit un mal de garder? Que voulez-vous donc qu'on fasse d'une récolte surabondante, si on ne garde pas?

Mais l'année prochaine il vendra plus cher, s'il y a une moindre récolte. Sans doute. Ignorez-vous qu'il aura perdu sur le poids & sur le volume de son bled? Ignorez-vous qu'il faut des frais pour conserver des grains? N'est-ce pas un fonds qu'il avance en ne les vendant pas? Ne court-il pas des risques?

Mais ne voyez-vous pas que l'an prochain vous serez trop heureux qu'il ait conservé ce grain ? C'est alors qu'il sera contraint de vendre par le besoin d'argent, ses avances pécuniaires ayant été épuisées l'année précédente.

On dit sans cesse qu'il faut des magasins pour les mauvaises années; on jette les hauts cris contre l'exportation des grains hors du Royaume.

Ne voyez-vous pas que les magasins les plus naturels, les moins coûteux, sont les greniers des riches fermiers ou propriétaires ?

Ne voyez-vous pas que le vrai moyen d'empêcher l'exportation, c'est d'assurer à ces producteurs la liberté de garder dans le pays même, & d'y vendre à leur gré ?

Dans le temps des réglements & des contraintes, il arrivoit des années surabondantes; les grains tomboient en non valeur dans certains lieux.

Alors des monopoleurs privilégiés achetoient des permissions particulieres d'exporter. Plusieurs producteurs s'empressoient de leur vendre, parce-qu'ils n'étoient pas surs de pouvoir conserver & débiter à leur gré. C'est en ce cas trop commun qu'on emportoit les denrées hors du pays! Les monopoleurs privilégiés profitoient bien vîte de cette permission passagere, & l'empressement alloit jusqu'à l'indiscrétion. « C'est la vivacité fran« çoise » a-t-on dit « c'est l'avidité ». Non, c'est l'effet du réglement. Une liberté achetée à prix d'argent, une liberté limitée, une liberté mobile & transitoire aura par-tout cet effet-là.

Mais puisque nous en sommes à l'exportation hors du Royaume, & à la garniture des marchés, il sera bon de remarquer en passant combien les idées populaires sont souvent opposées & contradictoires entre elles. Quand on pense à l'exportation étrangere, on se figure tous les producteurs du bled qui se hâtent de vendre à qui mieux mieux. On achettera tout, disent les gens des Villes, on emportera tout hors du Royaume. Ce qui suppose que les Fermiers & les Propriétaires vendront tout sur-le champ.

Mais quand on pense aux marchés de la Ville, c'est tout à-coup le contraire qu'on imagine. Les Fermiers & les Propriétaires ne vendront plus rien.

Il est pourtant égal pour un Fermier, pour un Propriétaire, que le bled pris dans son grenier, aille à la Ville la plus prochaine, ou qu'il aille au bout du monde, pourvu qu'il le vende au même prix & quand il veut.

Mais cet exemple prouve, comme mille autres, qu'il est très facile de loger dans la même tête les deux contradictoires, & même dans les têtes bien sensées.

Dans le vrai, lorsque les années seront abondantes, les Fermiers plus riches garderont du grain, s'ils ont la certitude qu'on le leur laissera vendre dans la suite quand ils le voudront, & comme ils le voudront. Cette prudence de leur part est un bien, mais un très grand bien; c'est elle qui forme des magasins naturels, & qui empêche le plus l'exportation hors du Royaume.

Mais, dans les mauvaises années, les Fermiers riches ne garderont-ils pas ?

Beaucoup moins, infiniment moins, pour plusieurs raisons; d'abord, dans les mauvaises années, les grains ne valent rien à garder; cette année-ci en eſt encore une preuve ; & c'eſt une vérité de fait qu'il ſeroit néceſſaire d'enſeigner aux gens des Villes. Jamais les denrées ne ſont meilleures & plus faciles à garder que quand elles ſont très abondantes ; c'eſt que les mêmes cauſes qui font abondance procurent auſſi la bonne qualité ; c'eſt qu'au contraire les fléaux du Ciel qui gâtent totalement une partie de la récolte dans les mauvaiſes années, endommagent beaucoup celle qui ne pétit pas tout-à fait.

Les maladies qui tuent la moitié, les trois quarts des épis & des raiſins, laiſſent les autres dans un état de langueur, qui font que les grains & les vins ne ſont pas de bonne garde dans la plupart des années médiocres ou mauvaiſes.

Secondement, ces bleds de mauvaiſe garde ſont *chers*, dans les années médiocres ; autre raiſon pour les vendre.

Il y a beaucoup plus de riſques & de pertes à les garder.

D'ailleurs, les propriétaires & les Receveurs des Tailles pourſuivent plus les gros Fermiers dans ces mauvaiſes années ; les uns, parceque leurs dépenſes augmentent dans les temps de cherté ; les autres, parceque leurs recettes ſont difficiles de la part des artiſans & manouvriers.

Plus les années ſeront diſetteuſes, plus les Fermiers vendront, ſur-tout ſi l'on permet, ſi l'on favoriſe l'importation des grains étrangers ; car ils auront toujours peur que ceux-ci ne faſſent tomber leurs denrées à trop bas prix.

Cette importation eſt le contre poiſon de l'avarice mal-entendue de quelques hommes avides & tenaces, qui s'obſtinent à ne pas vendre, même dans les plus grandes chertés, & qui aiment mieux perdre leurs grains.

Sans doute qu'il y en a quelques-uns ; car les hommes ſont capables de toutes ſortes de travers : mais ceux-là ſont en petit nombre, & leur obſtination ne porte pas ſur de groſſes fournitures ; car ils s'y ruineroient trop infailliblement.

En cas de mauvaiſe année, l'importion bien encouragée nous donnera plus de grains que les avaricieux n'en cacheront. Elle forcera les Laboureurs à vendre, de peur que le temps de cherté ne se passe, & que leurs grains ne leur reste après.

Mais qui est-ce qui favorise & encourage l'importation des grains étrangers en France ?

C'est la certitude que le Gouvernement ne se mêlera, ni de vendre à perte, ni de forcer les producteurs à garnir tous les marchés, & à vendre à tout prix.

Le Commerce veut bien risquer de gagner ou de perdre, c'est là son métier ; mais il ne va pas où il est assuré de perdre. Or, il y a certitude absolue de cette perte dans les lieux où l'on force de vendre, & dans ceux où le Souverain vend lui même à perte. L'importation des bleds étrangers est donc repoussée par ces deux opérations. Elle l'est nécessairement, malgré tout ce qu'on pourroit faire d'ailleurs pour l'encourager.

En voici une preuve de fait particuliérement connue d'un Magistrat du Parlement de Paris, très estimé & très digne de l'être.

En 1768, il y avoit des approvisionnements à perte pour le compte du

Roi ; des restrictions ou des prétentions sur la police des marchés, suivant les Officiers de Justice, qui se croyoient autorisés à les faire garnir.

On voulut encourager l'importation des bleds récoltés dans les autres Etats de l'Europe, on promit une gratification assez forte aux importateurs.

Il n'entra pas cette année là cent mille septiers de grains étrangers à vendre pour le compte des particuliers.

En 1769, on résolut de cesser les approvisionnements à perte pour le compte du Roi, on annonça que le Ministere avoit le plus grand desir de maintenir la liberté, & d'empêcher les contraintes ; mais en même temps on supprima la gratification promise. Eh bien ! il y eut cette année-là plus de six cents mille septiers importés de chez l'étranger pour le compte des simples Négociants. C'est un fait qu'on peut vérifier. En voici la raison très sensible ; c'est que le Commerce ne se hasarde jamais, quand il peut craindre la Police qui contraint à vendre, & le Souverain qui fait des approvisionnements.

La même révolution se fait dans ce moment-ci. Depuis l'Arrêt du 13 Septembre dernier, les ports voient arriver successivement les bleds étrangers, & en très grande quantité, parceque la contrainte d'apporter aux marchés, & les achats pour le Roi, sont détruits par cet Arrêt.

Un autre fait très certain & aussi facile à vérifier, c'est qu'un grand nombre de Négociants étrangers ou nationaux, avant de faire venir des bleds étrangers, ont voulu s'assurer de la parole du Ministre, que le Roi n'approvisionneroit plus, & qu'on ne forceroit plus à garnir les marchés. On peut citer entre les Nationaux M. de Montaudouin, Négociant de Nantes; & parmi les Etrangers, MM. Diodati, Pouppe de Hambourg.

Eux & quelques autres ont attesté dans Paris, où ils se trouvoient lors de la publication de l'Arrêt du 13 Septembre, que sans ces deux conditions, il n'y auroit jamais d'importation, nul Négociant ne voulant, ni ne pouvant joûter avec des Commissionnaires du Roi, ni dans les marchés garnis par force.

Quelques perſonnes difficiles à perſuader vont demander ſi l'arrivée des grains étrangers dans les ports de mer ſuffit pour obliger les Fermiers & Propriétaires à vendre dans les Provinces intérieures.

Elles obſerveront que le voyage de nos ports aux Villes de ces Provinces intérieures ſeroit long & difficile, attendu qu'il faudroit remonter les rivieres.

Mais on leur répondra que le commerce libre ne procéderoit point ordinairement de la maniere dont ils ont vu procéder celui des Commiſſionnaires du Roi.

Pour ſubvenir anx beſoins de la Franche Comté, ces Commiſſionnaires faiſoient venir des bleds de la Barbarie à Marſeille, & les faiſoient tranſporter par mer à Arles, on les remontoit à grands frais le long du Rhône & de la Saône, puis on les tranſportoit en chariots ou à dos de mulets dans le pays.

Pendant ce temps il y avoit défenſe abſolue, ſous peines corporelles des plus graves, de ſortir des bleds de la Bourgogne pour ſecourir les Francs-Comtois, défense d'en sortir pour le Lyonnois, défense au Dauphiné de communiquer à ses voisins.

Le Commerce libre & naturel auroit fait précisément tout ce qu'on empêchoit, & la preuve en est dans la défense même, dans le besoin qu'on a eu de la faire, dans le soin & dans la rigueur qu'on a mis pour la faire exécuter.

Les Bourguignons auroient passé la plus grande partie de leurs bleds aux Francs-Comtois; le Lyonnois auroit passé les siens aux Bourguignons, & auroit été rempli par le Dauphiné, qui se seroit approvisionné par le Languedoc & la Provence; ces deux Provinces maritimes auroient consommé les grains de Barbarie.

Cette filtration continuelle & presqu'insensible se fait naturellement de proche en proche, de marchés en marchés, quand on ne la trouble point par des prohibitions, des contraintes, des approvisionnements à perte pour le compte du Roi.

La marche des Blatiers qui vont acheter d'un lieu à l'autre, forme une file allongée dans tout un Royaume ;

la tête se porte naturellement où sont la disette & la cherté ; la queue est naturellement où sont l'abondance & le bon prix.

On ne sauroit assez se pénétrer de cette idée, elle est capitale en cette matiere, elle est simple & palpable ; c'est le caractere de la vérité.

Dans notre exemple, la tête de la file étoit en Franche-Comté, la queue auroit été par l'Alsace, la Loraine, la Bourgogne, le Lyonnois, jusqu'aux ports de l'Océan & de la Méditerranée, si les Gouvernements ne s'en étoient pas mêlés pour l'interrompre.

Des grains qui arrivent dans les ports y font nécessairement tomber le prix : alors la file des Blatiers se retourne nécessairement, quand même elle auroit eu la face tournée vers ces ports ; l'abondance & le bas prix l'oblige à faire demi-tour à droite, & à se porter vers l'intérieur qui n'a pas encore profité de cette abondance, & qui ne peut en profiter que par elle.

C'est ainsi que l'arrivée des grains & des farines venant de l'étranger font diminuer en peu de temps les denrées de proche en proche, jusqu'aux

Villes de l'intérieur, par le commerce libre & naturel des seuls Blatiers, indépendamment des spéculations des Négocians.

Ces mêmes Blatiers, dont tout le monde connoît le petit négoce, détruisent encore l'objection que font les gens des Villes sur les Fermiers & les Propriétaires de la campagne, qui sont naturellement portés à rester chez eux pour cultiver, plutôt qu'à perdre un temps précieux dans les marchés, & le long des grands chemins.

Voici cette objection dans toute sa force. Un habile homme qui fait valoir des terres trouve toujours un meilleur emploi de ses animaux & de ses domestiques dans son attelier de culture, que dans la voiture qu'il fait de ses grains aux halles des Villes voisines; il n'ira donc point garnir les marchés, à moins qu'il n'y soit contraint par le réglement, & par les Officiers de Police. Donc les marchés seront vuides, donc le Peuple sera sans pain, donc il mourra de faim.

Les conséquences d'un pareil raisonnement sont en effet très effrayantes; mais n'est-ce point une exagération sans fondement?

Le producteur de campagne ayant du bled dans son grenier, qu'il veut bien vendre, pourvu qu'on l'y vienne chercher ; le consommateur de Ville ayant de l'argent qu'il offre en échange du bled, pourvu qu'on vienne le recevoir chez lui ; qu'arrive-t il, qu'est il toujours arrivé par-tout ?

Un Blatier fera son métier d'aller chercher le bled chez le producteur, & l'argent chez le consommateur. Ce métier, s'il est libre, s'il est délivré des frais des halles & marchés, sera bon pour le producteur, bon pour le Blatier, bon pour le consommateur.

Mais il faudroit que ce Blatier pût vendre chez lui tous les jours, à toute heure du jour, à tous venants, des grains & de la farine. Pourquoi pas ?

C'est là une question bien simple, *pourquoi pas ?* Mais qu'on y réfléchisse à loisir, & qu'on tâche de la résoudre.

Le point capital est que le consommateur des Villes trouve avec la plus grande facilité, & au meilleur prix possible, les grains du Producteur de campagne.

Voici donc deux méthodes, la premiere est de dire, chaque semaine, à tel

tel jour, à telle heure, les producteurs de campagne seront obligés d'apporter eux-mêmes leurs grains dans une même place.

La voiture sera chere, parcequ'on leur fera perdre un temps & un travail précieux; il y aura des dangers & des pertes, parceque les mauvais temps, la pluie, la neige, &c. se trouveront tout aussi bien les jours de marchés que les autres jours de la semaine.

L'autre méthode est de dire : Laissons chez eux les producteurs avec leur attelier de culture, si utile dans les champs : permettons à des Blatiers d'aller chercher, quand ils voudront, le grain dans les campagnes, & de le vendre librement dans leur grenier, avec pleine concurrence entre eux, tous les jours de la semaine, & à toutes les heures du jour.

On aura beau faire ; il semble que la seconde maniere est beaucoup plus simple, plus juste, plus naturelle ; elle tend plus directement au but desiré : savoir, la facilité de trouver du grain quand on en veut, & la certitude de l'avoir à bon marché.

Quoi qu'il en soit, c'est à la discussion de ces deux manieres que doivent s'attacher les honnêtes gens qui répétent de bonne foi le cri de guerre des monopoleurs privilégiés, *il faut faire garnir les marchés.*

Des grains & des farines ne sont-ils pas d'aussi bonne nature à faire du pain, quoiqu'on les prenne à quelque heure que ce soit dans le grenier d'un Blatier ? Sont-ils meilleurs quand on est obligé d'attendre tel jour de la semaine, telle heure de ce jour-là pour les aller prendre à la halle ?

Sont-ils à meilleur marché ? N'ont-ils pas été voiturés de ce même grenier à la halle ? n'y paient-ils pas des droits ? n'y courent-ils pas des risques ? Ne s'y gâtent ils pas souvent ?

Vingt, trente, quarante greniers de Blatiers, ouverts tous les jours de la semaine, garnissent-ils moins une Ville des denrées nécessaires à sa consommation, que le carreau de la halle ? Il est, ce semble, impossible de le croire de bon sens & de bonne foi.

Laissez donc à tout le monde la liberté d'être Blatier ; laissez aux Blatiers la faculté de vendre à toute heure depuis le premier jour de Janvier jusqu'au dernier de Décembre. Quel inconvénient y trouvez-vous? *Pourquoi pas?* C'est à quoi il faut répondre.

Car enfin ce n'est pas là un systême, ce n'est pas une imagination humaine; c'est l'état naturel & primitif : la liberté originelle.

C'est pour sortir de cet état, qu'il a fallu imaginer un systême, méditer un réglement, faire une ordonnance, charger des Officiers de son exécution.

Pour faire tout cela, il a fallu des motifs, & des motifs graves, & des motifs certains; qu'on les dise donc, qu'on les prouve, c'est ce qu'on n'a jamais fait, c'est ce qu'on ne fera jamais.

Mais, en suivant cette méthode, n'arrivera-t-il jamais de chertés? Premiere question.

Supposé qu'il en arrive, les pauvres ne souffriront-ils pas, ne risqueront-ils pas de mourir de faim? Seconde question.

S'ils courent ce danger, pouvez-vous conseiller au Gouvernement de ne pas venir à leur secours ? Troisieme question.

Elles sont toutes trois fort raisonnables ; aussi nous proposons-nous d'y répondre dans le Mémoire suivant.

Fin du second Mémoire.

TROISIEME MÉMOIRE.

Sur les moyens de prévenir les disettes, & de soulager le Peuple en cas de cherté.

QUELS sont les meilleurs moyens de prévenir les disettes, & d'empêcher leur excès autant qu'il est possible?

Quelle est la vraie maniere de soulager le Peuple dans le cas de cherté qu'on n'a pu prévenir, ni diminuer?

Ce sont les deux questions que je dois examiner dans ce dernier Mémoire.

L'inégalité des saisons, & celle des récoltes, sont les fondements trop connus & trop certains de la crainte qu'on doit avoir des disettes de grains, & des chertés qui ne manquent jamais d'en être la suite.

Le remede général est indiqué par la nature même, & par ses vicissitudes: elle a voulu que, dans une période à peu-près égale, il se trouvât des années abondantes, des années médiocres, des années disetteuses: elle a voulu que le sol & le climat fussent différents; que les divers pays fussent, tous les ans & à l'alternative, les uns très riches, les autres très pauvres en grains, les autres dans un juste milieu.

Conserver dans les bonnes années le grain qui surabonde pour les besoins des années futures; *transporter* d'une Province très riche en bled dans celle qui souffre la disette, il est évident que c'est le remede.

Jusques là tout le monde est d'accord. La raison ne permet pas d'élever le moindre doute sur la nécessité de la *conservation* & du *transport* des grains, pour secourir alternativement les Provinces surchargées dans les années trop abondantes, & celles qui manquent dans les cas de mauvaises récoltes.

Mais ces deux opérations si nécessaires, de *conserver* & de *transporter*, peuvent elles être faites par l'autorité publique aux frais du Souverain? doivent-elles l'être par un commerce absolument libre, absolument affranchi de toutes gênes, de toutes contraintes, exactions & prohibitions quelconques, tel qu'on avoit essayé de le fonder en 1763, tel qu'on vient de le rétablir par l'Arrêt de 13 Septembre 1774? ou faut-il, au contraire, en permettant le commerce des particuliers, l'assujettir aux anciens réglements abrogés en 1763, & renouvellés en 1770.

C'est ici que les opinions se divisent; mais observons avant tout quel est le but ou le motif. Prévenir les disettes, empêcher les chertés; c'est le premier objet que nous devons remplir, ne le perdons pas de vue dans la discussion des trois moyens qui se proposent (1).

Abandonner au Gouvermement le commerce des grains, c'est une idée

---

(1) On impute aux Economistes de desirer le renchérissement; c'est précisément le contraire qu'ils voudroient opérer: ils ne voudroient ni trop grande cherté, ni trop bas prix; mais un taux presque uniforme, qui vaut mieux pour l'acheteur & pour le vendeur que les alternatives de chertés & de bas prix.

On a vu depuis 1663, jusques en 1763, le grain aller depuis 9 livres jusqu'à 95 liv. le septier; ne vaudroit-il pas mieux qu'il valût constamment de 20 à 30 livres? C'est le problême discuté ci-dessous, Lettre seconde.

qui ne peut plus tomber dans aucune tête sensée. Les plus audacieux des Monopoleurs titrés n'ont jamais osé la produire. Marchant sourdement à ce but, ils avoient grand soin de le cacher aux Peuples, aux Tribunaux, au Gouvernement lui-même.

Mais avant d'abandonner cette idée, dont l'absurdité révolte les ames honnêtes, il faut savoir comment ce monopole a sui se déguiser, s'introduire furtivement, & s'étendre dans tout le Royaume. Il faut sur-tout examiner avec soin une question fondamentale & très essentielle, que voici.

La plus petite racine d'un commerce fait à perte pour le Trésor Royal, sur-tout dans la Capitale, fonde nécessairement le monopole des Commissionnaires du Roi, qui s'étend chaque jour, & qui finiroit infailliblement par envahir tout le trafic des grains. C'est une vérité que je crois avoir démontrée dans mon premier Mémoire.

Il ne faut pas l'oublier; car les Monopoleurs titrés, leurs fauteurs, participes & adhérents, sont très alertes à saisir les prétextes, & très habiles à pallier leurs intérêts.

Le Public ne s'y trompe jamais ; il craint jusqu'aux présents des Commissionnaires du Roi. Plus ils affectent de vendre à perte, moins le peuple est content de leurs opérations : *timeo Danaos, & dona ferentes.* C'est la réponse que fait l'opinion universelle aux Administrateurs qui s'ingerent dans le commerce des grains.

C'est avec un applaudissement général qu'on a vu dans l'Arrêt du 13 Septembre le Roi prendre l'engagement solemnel de ne jamais autoriser *aucun achapt de grains & de farines pour son compte, & des deniers de son Trésor.*

Reste donc le commerce des particuliers : c'est donc lui seul qui doit nous occuper, puisque la voix du Peuple & celle du Souverain se sont réunies pour condamner à perpétuité le trafic du Gouvernement.

La marche la plus raisonnable est, ce me semble, de considérer ce commerce des particuliers dans son état primitif de simplicité naturelle.

On a beau dire, les réglements, les exactions, les prohibitions & les contraintes sont nés après le commerce libre. Ce sont des *systêmes* postérieurs qu'il a fallu imaginer, discuter, établir, exécuter, perfectionner, par des opérations qui supposent toutes le commerce déja connu, déja pratiqué dans un état antérieur de simplicité, de liberté, d'immunité générale & absolue.

Reportons nous à cette époque, & voyons s'il est vrai que le commerce remis en cet état primitif soit, ou ne soit pas, le meilleur moyen possible de prévenir les disettes, & d'empêcher ou de diminuer les chertés.

Tout nous autorise à rétrograder ainsi jusqu'à l'antique & premiere liberté, modifiée depuis par les systêmes réglementaires, puisque l'autorité souveraine vient d'abandonner ces systêmes, & d'anéantir les réglemens qu'ils avoient produits.

La liberté, l'immunité parfaite du commerce des grains, des farines & du pain (je dis du *commerce intérieur*; car je ne parle point de l'exportation à l'étranger, dont il n'est pas question dans l'Arrêt du 13 Septembre), cette liberté, cette immunité parfaites ont-elles tous les avantages qu'on en promet? ont elles tous les inconvéniens qu'on en redoute?

C'est à-dire, doivent-elles nécessairement empêcher les disettes & les chertés le plus qu'il est possible; ou peuvent-elles, au contraire, les occasionner en aucun cas? C'est la question précise où nous sommes parvenus.

C'est la question qu'il auroit fallu examiner avant de porter aucunes atteintes à cette liberté, à cette immunité primitives.

Tâchons de l'approfondir : en voici, je crois, le moyen le plus simple.

On se rappelle qu'il ne s'agit, pour prévenir les disettes & les chertés, que d'avoir *conservé* les grains des années surabondantes, & *d'apporter* ceux des pays où les récoltes sont les meilleures.

Prenons-en idée, pour un moment, la place des conservateurs & importateurs, & disons « quelle est la con- » dition qui m'encourageroit le plus » surement, le plus efficacement à pré- » venir ainsi les besoins de mon pays ? »

C'est l'assurance d'être le maître

absolu de ma denrée, de n'avoir aucune gêne aucun impôt à redouter.

Si je suis certain qu'on respectera ma propriété, ma liberté, qu'on me laissera mon franc arbitre, & que je n'aurai rien à payer, je me livre à ce commerce nécessaire de *conservateur* & d'*importateur*, de grains surabondants, pour le soulagement des Peuples affligés périodiquement des disettes locales par une suite nécessaire de l'intempérie des saisons.

Mettons la main sur la conscience, & répondons franchement. S'il nous falloit embrasser un pareil commerce ; la franchise absolue, la liberté, l'immunité parfaites ne seroient-elles pas pour nous le plus puissant des motifs ?

Propriété, franc arbitre, exemption d'impôts : dites le nous ; qu'est-ce que les hommes doivent desirer de mieux pour condition fondamentale d'un grand commerce ?

Je ne m'amuserai point à réfuter l'espece de prétention absurde qui condamneroit totalement le commerce des grains ; elle ne peut tomber que dans l'esprit de la plus basse populace des Villes.

Que deviendroient donc les récoltes surabondantes ? il faudroit donc les gaspiller & les perdre, si personne ne les achettoit pour les conserver & les transporter.

Que deviendroient donc les pays affligés de la disette ? Les Peuples y périroient donc de faim, si aucuns grains n'avoient été conservés, si aucuns n'étoient importés d'ailleurs par le commerce ?

Mais il faut laisser la *conservation* aux propriétaires & aux fermiers. Les Marchands, proprement dits, ne se chargent de ce soin que pour *y gagner*. Or, ce gain est pris sur nous.

Vous voulez donc que les propriétaires & les fermiers *gardent* pour *perdre* ? Singulier motif pour les engager à ce soin là !

Il faut avoir de l'argent, & souvent beaucoup d'argent pour être en état de garder deux, trois ou quatre récoltes. Il faut avoir des bâtiments pour les loger; il faut employer des hommes à remuer & maintenir les grains.

Ce n'est pas tout, il y a du déchet

fur le poids & fur le volume, il s'en gâte toujours un peu.

Toutes ces raifons, qui fe réuniffent, rendent abfolument impoffible à exécuter votre prétention d'acheter, au bout de trois ans dans une mauvaife année, au même prix que celui de l'année d'abondance, les grains confervés à grands frais pendant cet efpace de temps.

Qui que ce foit qui conferve, fermier, propriétaire ou marchand, il faut qu'il trouve la compenfation de fes avances, de fes rifques & de fes peines.

Mais, un fait certain, c'eft que les détails de ce commerce de confervation feront d'autant mieux faits, à proportion que les confervateurs feront plus riches, plus habiles & plus honnêtes.

Quant à l'importation qui doit fuppléer à ce premier commerce de confervation locale, il eft évident qu'elle ne peut être faite que par des marchands.

S'il s'agit d'apporter des lieux les plus voifins, de proche en proche, ce feront les feuls petits Blatiers qui rempliront ce miniftere : s'il s'agit d'apporter de loin en forte quantité, c'est au gros Négociant qu'il appartient d'approvisionner d'abord les Blatiers.

Il faut s'obstiner à rejetter toute réflexion, toute prévoyance : vouloir, comme les enfants, les sauvages, & la plus grossiere espece de peuple, vivre au jour la journée, sans prendre aucun souci de l'avenir, pour blâmer ce commerce absolument & indispensablement nécessaire dans tout Etat policé.

Il est étrange qu'un Ecrivain fameux se soit rendu l'apologiste de ce préjugé populaire ; & plus étrange est encore la raison qu'il a donnée pour justifier son paradoxe.

Les Négociants en bled sont, dit-il, les ennemis du Peuple ; car leur intérêt, &, sans doute, leur desir, c'est qu'il y ait disette, puisque c'est le temps de leur profit.

En ce cas, tous les hommes sont ennemis du Peuple ; car leur intérêt est qu'on ait besoin de leurs services. L'intérêt des Procureurs & des Avocats est qu'il y ait des procès ; celui des Médecins, qu'il y ait des maladies ; celui des Fabricants, des Marchands & des Artisans, qu'il y ait des menbles, des vêtements, des bijoux usés; gaspillés & détruits; celui des Militaires en général, qu'on ait la guerre; & celui des derniers Officiers, que la tête se dégarnisse.

Hait-on les bons Avocats, les bons Médecins, les bons Artisans, les Fabricans & Négociants, les honnêtes Militaires, & mêmes ses confreres quelconques; a-t-on droit & raison pour les haïr? Non. Pourquoi? C'est qu'ils ne suscitent ni les procès, ni les maladies, ni la guerre, ni les besoins; qu'ils ne les desirent pas même formellement, trop persuadés que la nature les rend malheureusement infaillibles.

Il en est tout de même des bons & honnêtes Négocians en grains & en farines; il n'ont pas besoin de desirer les années médiocres & les mauvaises; elles ne sont que trop infaillibles, & leur état est fondé sur cette nécessité. Le but de cet état est d'en prévenir les suites.

Mais ils feront naître les chertés au lieu de les prévenir; ils feront des monopoles; on a là-dessus des expériences capables d'allarmer.

C'est ici que nous commençons à toucher l'objection principale. Le Peuple en général, & sur-tout le Peuple de Paris est terriblement frappé de l'idée du monopole. Il a raison, sans doute ; c'est le fléau le plus terrible du commerce, & principalement du commerce des grains.

Il regne depuis long-temps en France, le monopole des grains : nouveau motif pour le redouter ; il s'est caché sous tant de formes, qu'on a droit de le soupçonner par-tout.

Mais qu'est ce que le monopole ? comment peut-il s'exercer ? Comment l'a-t-il été jusqu'à présent ? C'est, je crois, ce qu'il faut éclaircir avant tout, afin de ne pas prendre le mal pour le remede, & le remede pour le mal : afin de ne pas faire comme un Général imprudent, qui fait fusiller ses propres soldats, au lieu des troupes ennemies.

Le monopole est un *commerce exclusif*, qui détruit la concurrence des autres vendeurs & des autres acheteurs, pour mettre sous la main d'un seul Négociant toutes les marchandises. Voilà son *essence*. Le mot grec monopoleur signifie mot à mot *seul marchand ?*

Ainsi la ferme générale a le monopole absolu du tabac dans tout le Royaume, & celui du sel dans tous les pays de grande gabelle ; ainsi la manufacture privilégiée de Saint-Gobin a le monopole des glaces.

Quel est le *bu* du monopole ? C'est de multiplier les profits, & de les rendre plus considérables

Quels sont les *moyens* ? Ils sont en grand nombre. Tout ce qui gêne rebute & ruine les autres Marchands, tend à l'établissement du monopole.

Par la raison des contraires, tout ce qui peut appeller les Négocians, leur donner de l'émulation & de l'espoir, est antipathique au monopole.

C'est confondre la chose, le but & les moyens, que d'appeller monopole un commerce lucratif & très lucratif pour celui qui le fait.

Si le premier qui s'avise d'une fabrication & d'un négoce ne se fait attribuer aucun privilege exclusif ; s'il ne fait aucune manœuvre pour empêcher les autres Fabricants ou Négociants de l'imiter & de partager son profit, il n'est pas monopoleur.

Ainsi, quand le sieur Martin vendoit cinq à six louis d'or les premieres tabatieres de carton tout unies, ce n'étoit pas un monopole; bien loin de s'emparer de ce commerce & d'en exclure les autres, il excitoit puissamment leur émulation & leur concurrence; aussi a-t-on vu les tabatieres de carton tomber à vingt quatre sols.

Mais si l'on donnoit à présent un privilege exclusif à quelque manufacture, pour qu'elle fût seule à faire & à vendre des tabatieres de carton, ce seroit un monopole.

Ce n'est donc pas le profit considérable du Marchand qui le constitue monopoleur, ce sont ses manœuvres pour exclure les autres Marchands, & se rendre, autant qu'il peut, seul vendeur & seul acheteur.

Si quelque Négociant étoit assez habile pour se procurer du froment à six deniers la livre (on auroit pu, dans certaines circonstances, les tirer à ce prix de quelques endroits); s'il pouvoit les aller vendre dans un pays où le froment seroit à trois sols, ne le vendît-il que deux, il gagneroit trois cents pour cent, ce qui est excessif; mais il ne seroit pas monopoleur.

Tout au contraire, celui qui les auroit achetés deux sols trois ou quatre deniers, & qui ne les revendroit que deux sols & demi, seroit coupable de vrai monopole, s'il s'étoit fait attribuer à lui seul le droit de l'aller acheter, & le droit d'en vendre.

C'est que le premier exciteroit par son profit tous les autres Négocians à l'imiter; c'est qu'il ne seroit pas, comme l'autre, maître des denrées & des prix; c'est qu'à force d'apporter, les Marchands, par leur concurrence, feroient diminuer les grains jusqu'au prix le plus bas possible.

Dans le premier exemple, la concurrence des Marchands acheteurs & vendeurs, égaliseroit les prix des deux pays, de maniere qu'ils seroient à 21 deniers à-peu-près valeur moyenne. Ensorte que dans le pays disetteux, il n'y faudroit ajouter que le transport.

Dans le second exemple, le monopoleur privilégié, seul acheteur & seul vendeur, entretiendroit les premiers prix. Il est même probable qu'on le mettroit dans ce cas en les taxant; c'est l'usage des approbateurs d'un monopole.

Ainsi, dans le cas où le sieur Martin auroit sollicité un privilege exclusif pour les tabatieres de carton verni qu'il vendoit cinq louis d'or; on auroit cru faire l'avantage du Public en les taxant à deux louis. Elles y auroient resté en vertu du monopole; au lieu que la concurrence les a mises à vingt-quatre sols.

Tel est certainement la théorie du monopole. De là vient que la pire espece de tous pour les Commerçants est celui qui se fait *à perte* par un Commissionnaire qui dispose de l'argent d'autrui, comme faisoient les Commissionnaires du Roi. Rien n'écarte plus surement & plus promptement toute concurrence.

Ceci posé, voyons en général comment peut s'exercer le monopole des grains dans le Royaume de France; & en particulier, comment il s'est exercé dans ce pays depuis très long-temps.

Le commerce des grains étant libre & parfaitement immune, peut-il se faire des monopoles ? C'est ce qu'il faut examiner.

Dans cet état de liberté, d'immunités parfaites, qui est le plus grand des encouragements possibles, il y aura beaucoup de vendeurs & beaucoup d'acheteurs.

Les Propriétaires & les Fermiers, qui seront assurés de vendre quand ils voudront dans leurs greniers seront tentés de garder les bleds dans les années d'abondance, lorsque les grains seront de bonne nature. Ceux qui seront riches & commodément bâtis, feront cette spéculation, premiere espece de Commerçants ; car un Fermier, un Propriétaire qui garde ainsi prend la place d'un Négociant ; il fait une vraie spéculation de commerce.

Il y aura plus que jamais de Blatiers & de fariniers, de ces petits Marchands qui vont acheter à la campagne pour vendre dans les Villes, & qui portent d'une Ville voisine dans une autre, quand il s'y trouve quelque profit, seconde espece de Commerçants qui, par son grand nombre & par la modicité des profits dont elle sait se contenter, saura presque toujours retenir la majeure partie du commerce de détail.

Enfin, il y aura les Négociants proprement dits, qui font venir en gros des fournitures considérables du dehors, en cas de besoin.

Tel sera l'état du commerce parfaitement libre, parfaitement immune.

Arrangeons là-dessus un projet de monopole, ou pour mieux dire, épargnons-nous ce soin, il est tout arrangé dans la tête des Parisiens & de quelques autres citadins, que les Monopoleurs privilégiés ont eu grand soin de bercer d'une chimere, pour les empêcher de voir la réalité.

» Il se formera (dit-on) une Com-
» pagnie de gros Financiers capitalistes;
» ils enverront des émissaires enharrer
» tous les bleds, c'est-à-dire, les ache-
» ter en verd avant la moisson, ou
» peu de temps après ».

» Les voilà maîtres de toute la den-
» rée à bon marché. Alors ils refusent
» d'en vendre; les Villes ne sont point
» garnies; le Peuple a faim, il n'a

» pas le temps d'attendre, il faut bien
» qu'il paie le prix qu'on veut.

» Alors le pain devient excessive-
» ment cher : alors une partie du Peu-
» ple meurt de faim, & l'autre souffre.

Une telle idée ne doit-elle pas faire frémir, ne doit-elle pas révolter l'humanité ?

Oui, sans doute, si ce n'est pas une chimere comme les harpies, les hippogrifes, les lutins, les esprits follets & les loups garroux.

Examinons, s'il vous plaît, avant de nous épouvanter, & de nous mettre en colere, si la chose est possible. Je dis possible, car enfin faut-il au moins, avant de raisonner sur un cas, s'être bien assuré de sa possibilité.

Nous établissons pour préliminaire qu'il y a liberté générale, immunité parfaite pour le commerce des grains; que l'administration ne s'en mêle point.

Par conséquent les producteurs du pays, les Blatiers, les Négocians peuvent conserver, importer, acheter & vendre.

Les Emissaires des Financiers Parisiens achetteront tout le grain d'un canton;

canton, & l'achetteront *à bon marché.* Je suis sûr que non.

Tant que les grains sont *à bon marché*, les propriétaires, les Fermiers, les Ecclésiastiques aisés, sages, bien logés, ne vendent point.

Tant que les grains sont *à bon marché*, les bons Blatiers achettent & conservent, ainsi que les Meûniers & les Fariniers.

Les Emissaires Parisiens n'achetteront pas tout, puisqu'on ne voudra pas tout leur vendre; car il faut être deux pour faire un pareil marché.

Ici je répéterai ce que j'ai dit, dans mon second Mémoire, sur la logique du Peuple de Paris, & sur la facilité merveilleuse qu'on trouve à lui placer les deux contradictoires dans le même coin de la cervelle.

Vous dites que es Laboureurs, que les Propriétaires encouragés par l'Arrêt du 13 Septembre ne veulent pas vendre leurs grains, quoiqu'ils soient à très bon prix; & dans le même temps, vous avez dans la tête que s'il se forme à Paris une société de riches Monopoleurs, tous ces gens-là vendront à la fois à leurs Emissaires, &

vendront à très bas prix. Comment arrangez-vous ces deux idées-là, l'une à côté de l'autre ?

Dites-nous, s'il vous plaît, de quel talisman vous prétendez armer les Commissionnaires de vos Financiers, pour qu'ils engagent tout-à-coup des gens qui ne veulent pas vendre, même à très bon prix à ce que vous dites, à livrer toute leur denrée à bas prix ? Il faut nous apprendre de quel charme puissant & irrésistible seront doués ces Emissaires, ou convenir de l'absurdité de la premiere supposition.

Dans le fait, les deux idées contradictoires que je trouve dans plusieurs têtes parisiennes, sont également exagérées : les propriétaires, les décimateurs, les fermiers n'ont point cette excessive répugnance à vendre leur grain, qu'on leur suppose actuellement ; ils n'auroient point cette excessive facilité qu'on leur suppose pour le temps où des Financiers Parisiens voudroient se faire Monopoleurs.

Mais au moins, en achetant cher, les Emissaires du monopole sont-ils surs qu'on leur vendra beaucoup de grains.

Oui, plus ils acheteront cher, plus ils trouveront de vendeurs, rien n'eſt ſi naturel.

Mais le renchériſſement qu'ils occaſionneront n'aura-t-il aucun effet dans l'état de liberté pléniere? C'eſt la queſtion qu'on oublie de ſe faire à ſoi-même.

Où ſe portent les Blatiers & les Négocians pour *vendre*? c'eſt dans les lieux où les grains étant *plus chers*, il y a plus de profit à vendre.

Voilà donc toutes les files des Blatiers vendeurs, & toutes les ſpéculations des Négocians auſſi vendeurs, tournées vers le canton que les ſoi-diſants Monopoleurs de Paris auront choiſi pour théâtre de leur opération.

Vous aviez peur que ce pays ne fût dans la diſette, ne voyez-vous pas que le voilà dans le cas d'attirer d'abord, par les Blatiers, tous les grains des cantons circonvoiſins, & bientôt par les Négocians, ceux des pays les plus éloignés.

Mettez-vous un peu à la place des prétendus Monopoleurs, & voyez ce que vous allez faire dans ce moment où les vendeurs ſont appellés de tous côtés par le haut prix que vos émissaires ont mis à la denrée en l'achetant cher.

Vendrez vous alors, ou ne vendrez-vous pas? Acheterez-vous, ou n'acheterez-vous pas? Le cas est très embarrassant.

Plus vous acheteriez, plus la cherté seroit grande : plus les vendeurs abonderoient de toutes parts. D'encore en encore, il vous faudroit acheter tous les grains d'Europe, d'Asie, d'Afrique & d'Amérique; ils viendroient chercher votre argent, que vous prodigueriez; car si vous continuez à vouloir acheter seuls tout ce qui arrive, ne vendant point, il faut que vous achetiez à un prix excessif, attendu que le Public veut aussi acheter pour son besoin, & que vous ne pouvez obtenir la préférence qu'en donnant toujours plus que le cours, même dans le temps où la disette est déja très grande.

Il faudroit beaucoup d'argent, de patience, de soin & de courage pour exécuter une pareille entreprise, d'acheter toujours seuls, sans jamais vendre, & d'empêcher tous les particuliers, tous les Blatiers, tous les Négocians, de faire venir des denrées pour le Public & pour eux-mêmes.

Il faudroit d'immenses magasins & grand nombre de Commissionnaires : il faudroit même plus, il faudroit empêcher les émigrations, afin de conserver les acheteurs, leurs besoins & leurs moyens, dans les lieux où la compagnie continueroit de tout acheter & de ne rien vendre.

Voilà déja bien des suppositions pour le moins très difficiles à réaliser. Mais nous ne sommes pas au bout.

Quand vous aurez accumulé avec beaucoup de frais, de soin, de pertes & de dangers dans un canton la récolte de cinq ou six Provinces environnantes ; qu'arrivera t-il nécessairement ?

C'est qu'il n'y aura dans ce canton ni assez de Consommateurs pour la manger cette énorme provision, ni assez de moyens pour la payer au prix excessif où vous l'aurez achetée.

Pendant ce temps viendroient l'importation étrangere & la récolte suivante, & vous resteriez avec beaucoup de vieux bleds achetés au poids de l'or, dont la moitié seroit gâtée.

Tel seroit évidemment & nécessaitement le but de cette belle ſpéculation financiere, dont quelques Pariſiens ſe ſont fait un terrible épouvantail.

Je conviens que, dans le cas où quelques eſprits faux ſe mettroient dans l'eſprit de tenter l'exécution d'un pareil projet, ils pourroient cauſer dans un canton quelque cherté paſſagere ; & je parlerai tout-à-l'heure du remede. Mais il eſt ſi facile de ſentir le vice de pareilles entrepriſes, qu'aucun Négociant, aucun Financier jouiſſant de ſon bon ſens, n'ira mettre ſes fonds ſur la périlleuſe parole d'un faiſeur de ſemblables projets.

Les Propriétaires, les Fermiers, les Blatiers, les Négociants nationaux, les Importateurs étrangers, jouiſſant de toute liberté, ſont la meilleure police & la meilleure maréchauſſée qu'on puiſſe oppoſer à ces prétendus Monopoleurs.

Ceux-là ne ſont pas accoutumés, comme les Financiers de Paris, à des profits certains & conſidérables : ils ſe contentent de peu ſur chaque objet dans un commerce journalier ; ils le ſavent ce commerce, ils connoiſſent la denrée, ils sont au fait des moyens de la conserver ; ils sont sur les lieux, ils achettent, voiturent, gardent & vendent eux-mêmes.

Les gros Financiers, qui veulent des bénéfices assurés, & proportionnés à ceux qu'ils trouvent dans l'agio de Paris, n'entendent rièn aux grains, il leur faut des régies, des bureaux, des Commissionnaires, une comptabilité.

Des Blatiers en guêtres, des Meûniers en sabots, pourvu qu'ils aient toute liberté, toute immunité, ruîneroient tous les Souverains de l'Europe à ce jeu-là. La chose parle d'elle-même.

Cependant, si vous en voulez une preuve bien frappante, la voici. C'est que depuis 1770 il régnoit en France un monopole fondé sur plusieurs millions, & le plus terrible de tous pour ces Blatiers & ces Meûniers, puisque les Monopoleurs se jouoient de l'argent du Peuple même, & le perdoient en vendant les grains à meilleur marché qu'ils ne leur coûtoient.

Eh bien, ce monopole a détruit les Négociants en gros, les forts approvisionnements ; il a bien vexé, bien dégoûté les Blatiers & les Fariniers ; mais il ne les a pas détruits, quoiqu'on y eût joint toutes les contraintes possibles par l'Arrêt de Décembre 1770.

Jugez par-là si des Monopoleurs qui ne voudroient pas perdre, mais gagner, viendroient à bout de cette armée si nombreuse de Blatiers & de Fariniers que forme de nouveau tous les jours la liberté jointe à la certitude que le Roi ne se mêle plus du commerce des grains.

Faire avec profit un grand monopole de grains dans le Royaume est donc une chimere. Qu'on interroge là-dessus les sages & riches Négociants, ils vous diront tous que sur de pareilles spéculations, ils ne hasarderoient pas une obole.

Mais il y a eu des monopoles, & vous en convenez vous-même ; il peut donc y en avoir.

Oui, des monopoles de Commissionnaires du Roi vendant à perte ; & c'est le premier mal dont l'Arrêt du 13 Septembre nous a délivrés.

Oui, des monopoles de Marchands privilégiés vendant à profit, parcequ'ils étoient seuls, & qu'on empêchoit tous les autres; mais c'est le second mal dont nous délivre le même Arrêt.

Avant 1763, il n'étoit pas permis de transporter des bleds d'une Province dans une autre.

Quand il y avoit disette dans une Généralité du Royaume, surabondance de grains dans une autre, il n'étoit permis qu'à une Compagnie privilégiée d'acheter ici, de transporter & de vendre là.

Voilà le monopole : ils achetoient à bon marché, car ils étoient seuls acheteurs; ils avoient même grand soin de laisser long temps combler une Province avant d'y porter leurs achats.

Il y a plus encore; au moyen de la police des marchés, ils faisoient naître des diminutions factices sur les grains, ils combloient ces marchés de leurs propres bleds qu'ils offroient au plus bas prix; & c'est alors qu'ils achetoient chez les Fermiers & les Propriétaires.

Car ils avoient grand soin de se faire dispenser de la police des marchés, sachant bien que tout commerce en gros a besoin de cette dispense.

Vérité sur laquelle nous reviendrons tout-à-l'heure.

Quand ils avoient acheté seuls, en vertu d'un privilege exclusif, ils arrivoient seuls dans les Provinces qu'on leur avoit permis d'approvisionner; ils trouvoient ces Provinces dans une disette qu'ils avoient eu soin de laisser prolonger, & d'augmenter par des manœuvres dans les marchés, afin d'assurer mieux leurs bénéfices.

Telle est au vrai l'histoire des monopoles exercés depuis long-temps.

C'est de là qu'est née l'aversion générale contre les acheteurs & les vendeurs en gros. Car le commun Peuple même n'a point d'aversion pour les Blatiers & les Fariniers.

Depuis plus de cent ans, tout acheteur, tout vendeur en gros étoit un Monopoleur dans toute la force du terme, c'est-à dire, un homme qui avoit le privilege exclusif d'acheter à prix d'argent, de faire un commerce lucratif pour lui, onéreux pour les autres, onéreux pour les Provinces venderesses, parcequ'on y faisoit tomber exprès les grains en non valeur, pour y acheter au plus bas prix possible; onéreux aux Provinces achereuses, parcequ'on y laissoit exprès monter les grains à la plus haute valeur, afin d'y vendre le plus cher possible.

Mais quelles sont les conditions essentielles à ce monopole profitable ? 1°. L'exclusion des autres acheteurs, des autres vendeurs étrangers ; 2°. la police des marchés pour les gens du pays, avec exemption pour les Monopoleurs privilégiés.

Sans ces deux conditions, jamais il ne s'est formé de société privilégiée pour le commerce des bleds, jamais il ne s'en formera.

L'exemption de la police des marchés est si nécessaire à tout commerce en gros, que les privilégiés à prix d'argent n'ont jamais fait de traités sans en être assurés. Les Munitionnaires des Troupes de terre & ceux de la marine ont eu le même soin ; les Marchands titrés de la Ville de Paris ont eu cette exemption par des loix formelles.

En effet, le commerce en gros ne peut jamais acheter & vendre dans les marchés ; il lui faudroit perdre trop de temps, faire trop de frais, trop de faux frais, & courir trop de risques.

C'eſt tout au plus le commerce de détail des petits Blatiers & Fariniers qui peut ſe faire dans ces marchés ; encore ſera-t-il d'autant plus profitable aux producteurs, aux Blatiers, & aux Conſommateurs, qu'il ſera plus libre & plus immune à cet égard.

Mais faut-il un commerce en gros de bleds & de farines ? c'eſt la queſtion ſur laquelle on peut revenir encore.

La réponſe eſt facile. Quand il arrive des années ſi mauvaiſes, que les bleds conſervés dans le pays même, & ceux qu'on apporteroit des environs ne peuvent ſuffire à la conſommation des habitants ; il faut bien en apporter des pays éloignés étrangers & nationaux.

En ce cas, c'eſt le commerce en gros qui peut ſeul faire de telles importations.

Quand, au contraire, pluſieurs Provinces voiſines ont pendant trois ou quatre ans des récoltes fort abondantes, il ſeroit à craindre que les bleds ne vinſſent en non valeur, qu'ils ne fuſſent gâtés ou gaſpillés. En pareil cas, les Laboureurs ſurchargés ne vendant point, ou vendant mal, n'auroient ni le moyen, ni l'émulation de soigner leurs terres, ils en laisseroient dépérir la culture.

Il faut donc ouvrir un débouché aux denrées excessivement surabondantes : il vaut mieux en tirer de bon argent que de les laisser perdre.

Avec cet argent, & l'espérance de vendre, les Fermiers, les Propriétaires, augmentent leurs cultures au lieu de les diminuer ; ils ont mieux les moyens de garder pour les cas où l'abondance disparoît.

Arrivent les mauvaises années, qui se font moins sentir par plusieurs raisons, 1°. parceque les cultures étant améliorées, fournissent plus, toutes choses étant égales d'ailleurs ; 2°. parceque les Fermiers & les Propriétaires étant devenus plus aisés par la bonne vente, il y en aura parmi eux un plus grand nombre en état de conserver pour les cas de mauvaises récoltes, qu'il est malheureusement trop aisé de prévoir au bout d'un certain temps ; 3°. parceque le peuple des Journaliers & des Ouvriers aura été mis un peu plus à son aise par la bonne dépense des Propriétaires & des Fermiers qui auront toujours bien vendu ;

4°. parceque l'importation sera bien plus sure, bien plus abondante dans un pays où l'on aura la liberté, & surtout les moyens de bien payer, accumulés par plusieurs années de bonne vente.

Sous ces points de vue, le commerce en gros doit paroître absolument nécessaire, comme supplément à celui des petits Blatiers & Fariniers du pays.

Mais ce commerce ne peut pas être fait sous la loi de la police des marchés; aussi l'en a-t-on dispensé toutes les fois qu'on a jugé nécessaire de le permettre ou de l'établir.

Jamais ce commerce ne peut être un monopole, si vous avez commencé par assurer la liberté aux Fermiers, aux Propriétaires, aux Blatiers & aux Fariniers, & si vous finissez par assurer la même liberté aux Négocians en gros.

Pour l'établir, ce monopole, il faut ôter la liberté aux Producteurs, en les contraignant de garnir les marchés, & les empêchant de vendre ailleurs sans permission : il faut l'ôter aux Blatiers, en les contraignant de se mettre sous la main des Officiers subalternes, par des inscriptions sur leurs registres, des assujettissements aux visites, aux taxes, aux contraintes de vendre.

Ces mêmes conditions empêchent le commerce en gros par leur propre force, & sans qu'il soit besoin d'autres prohibitions. Un gros Négociant ne peut ni vendre une forte provision de grains étrangers dans les petits marchés d'une Province qui souffre la disette, ni en acheter une pareille dans un pays surchargé de denrées.

C'est alors que des protégés achetent le privilege exclusif d'apporter ou d'emporter ; & voilà le monopole exercé depuis long-temps dans le Royaume.

Le fondement de ce monopole est évidemment & nécessairement la police des marchés.

Commencez par l'établir ; le monopole est inévitable : on l'a vu depuis 1771, on l'avoit vu avant 1763, on le verroit toujours, si nous étions assez malheureux pour voir les réglements sortir de leur tombeau.

Laissez-les dans l'oubli, soyez revenu pour toujours à l'antique & primitive liberté du commerce ; alors plus de monopole, plus de possibilité qu'il existe jamais.

Laissez faire les Propriétaires, les Fermiers, les Blatiers, les Négocians, les Fariniers, les Meûniers, les Boulangers & les Consommateurs, ils s'arrangeront bien sans vous; ils s'arrangeoient bien dans l'ancien & premier état naturel de liberté, dans le temps où vos systêmes réglementaires n'étoient pas inventés.

Laissez-les faire, sans que le Roi, ni son autorité, ni son nom si cher & si respectable à la Nation s'en mêle jamais; voilà tout ce qu'il faut pour prévenir le mieux possible les disettes & les chertés.

Mais, avec cette liberté parfaite, répondrez-vous qu'il n'existera jamais aucun besoin extraordinaire, aucun cas où les grains, la farine & le pain se trouveroient chers pendant quelques jours?

Non, je n'en réponds point: l'événement est possible par des accidents extraordinaires impossibles à prévenir; il le seroit par une fausse spéculation d'un ou de plusieurs prétendus Monopoleurs qui voudroient affamer un canton, dans l'espoir chimérique d'y profiter.

En ce cas, il faut bien des sollicitudes de la Police, des réglements pour contraindre à garnir les marchés, des approvisionnements d'ordonnance.

Vous le croyez! Nous pensons tout le contraire : examinons.

Le Peuple souffre dans les chertés extraordinares qui sont rares & peu durables. » Oui, le Peuple souffre, » ne faut-il pas venir à son secours?

Sans doute : nous n'avons cessé de le dire. Mais quels sont les vrais moyens?

Voici ceux que nous proposons : 1°. de maintenir mieux que jamais la liberté; 2°. de donner au Peuple souffrant des salaires proportionnés au prix du pain; 3°. de donner ces salaires pour un travail d'utilité publique & durable; 4°. de soulager de quelque impôt, s'il est besoin, le pays souffrant.

Ces quatre moyens ne vont-ils pas directement au but? Que leur manque-t-il pour opérer l'effet que nous desirons : le soulagement du Peuple?

1°. Il en coûteroit au Roi quelque argent; mais les approvisionnements d'ordonnance n'ont-ils pas coûté jusqu'à deux & trois millions par an?

& il n'en est rien resté que l'opulence des Commissionnaires & le scandale public.

2°. Donner aux pauvres, de l'ouvrage & un bon salaire, n'est-ce pas pourvoir à leurs besoins ? Ouvrez des atteliers publics, n'y refusez personne, hommes, femmes, vieillards, enfants, laissez-les travailler suivant leurs forces, & gagner leur pain.

Nous avons l'expérience de ces atteliers de charité ; tout le monde sait le bien qu'ils ont opéré.

Le Gouvernement peut donc borner ses soins paternels à leur établissement, mais solide & général, à l'effet d'assurer leur ouverture dans tous les lieux affligés d'une cherté passagere, à l'instant même où la cherté se fait sentir.

Comparons de sens froid les secours qui résulteront de ces atteliers avec ceux que procurent les approvisionnements d'ordonnance à perte pour le Roi, les contraintes exercées contre les Propriétaires, les Fermiers, les Blatiers, les Fariniers, les Marchands en gros.

Les atteliers ouverts à tous venants procurent aux vrais pauvres des salaires & du pain. N'est-ce pas là ce que vous desirez pour le Peuple ?

Il n'en coûte au Roi que de l'argent. N'est-ce pas aussi de l'argent que lui coûtent les approvisionnements d'ordonnance.

Mais tout l'argent du Roi passe dans la main du pauvre quand vous l'employez à lui payer des travaux utiles. Au contraire, une très grande partie se consume en frais, en faux frais, en gaspillages, en bénéfices, ou stipulés formellement, ou frauduleusement obtenus, lorsque vous l'employez en approvisionnements d'ordonnance.

Ces approvisionnements peuvent occasionner pour le moment une diminution factice dans le prix des grains ; mais est-ce bien le pauvre qui en profite ?

La petite diminution du moment est générale, elle porte sur tous les riches, sur tous les citoyens d'une fortune médiocre.

Mais le pauvre ouvrier ne trouvant point d'ouvrages, ni de salaire, parceque tout le monde restreint sa dépense, n'est que très médiocrement soulagé par cette petite diminution.

Qu'il achette le pain deux liards de plus ou deux liards de moins, s'il manque de journées il n'en est pas moins dans la plus affreuse misere, pendant que le riche est soulagé.

Nous allons plus droit au but, en procurant ouvrage & salaire à cette portion du Peuple : & il nous reste de bons ouvrages faits.

Mais les autres, dira-t-on, ne sont-ils pas des citoyens, & ne leur doit-on pas aussi une sollicitude paternelle ? Oui sans doute ; & nous la leur accordons. Voici comment.

Les approvisionnements d'ordonnance, les contraintes exercées contre les producteurs & les Marchands, feroient fuir le commerce, & prolongeroient la cherté : un peu moindre peut-être pendant quelques journées, elle se soutiendroit pendant des mois & des années, parceque l'importation des bleds étrangers au canton seroit repoussée au lieu d'être encouragée.

Dès que le Roi, dès que ses Officiers ne s'en mêlent point, & se borment à bien payer les pauvres qui travaillent utilement ; dès-lors le commerce libre amene de toutes parts: Propriétaires, Fermiers, Blatiers, Fariniers, Marchands en gros, tout le monde arrive à qui mieux mieux. Pouvez-vous en douter ? Il y a besoin de bled, liberté pour les vendeurs, & de l'argent pour le payer, même entre les mains des plus pauvres. Quelle raison pourroit empêcher le commerce de s'y porter ?

L'argent donné par le Gouvernement ; la liberté : voilà certes les deux aimants les plus puissants pour l'attirer ce Commerce.

L'abondance viendra donc du dehors le plus promptement possible ; la diminution sera donc la plus grande & la plus rapide qu'il soit possible.

Tel est le sens d'un axiôme des bonnes gens, qui ne font guere de proverbes populaires que d'après une sure & longue expérience : *cherté foisonne*, disent-ils ; c'est-à-dire, que le bon prix, accompagné de liberté pour le vendeur, & du moyen de payer fourni à l'acheteur, attirent la denrée.

C'est par cette raison que les grandes

Villes, les Cours, les Foires, les Camps de plaisance, & autres pareilles assemblées, sont parfaitement fournies de toutes les nécessités.

On nous a beaucoup accusé d'inhumanité envers les pauvres, parcequ'on a supposé gratuitement, que dans les cas de cherté, nous avions conseillé de les abandonner sans secours.

Nous n'avons cessé, depuis 1767, de dire qu'il falloit les soulager, & d'en proposer les moyens.

En mon particulier, j'ai beaucoup insisté sur les travaux publics, & sur la distribution des salaires proportionnés au prix du pain.

J'ai de plus examiné soigneusement l'art de moudre les grains & de faire le pain ; j'ai trouvé qu'il étoit partout plus cher de près d'un quart qu'il ne devoit l'être, par la faute des moulins & des Boulangeries.

On a tourné mes observations en ridicule ; mais les sarcasmes des soi-disants beaux esprits ne m'ont point détourné de cette étude, que je regarde comme très essentielle.

Si du même septier de bled, qui ne fait que deux cents vingt ou vingt-cinq livres de pain, j'en puis faire deux cents cinquante-cinq ou soixante pour le pauvre, & de très bon pain; il est évident que je soulage d'autant l'acheteur consommateur en ce moment-ci, & je ne ruine point le Producteur, Propriétaire ou Fermier, qui doit faire vivre par la suite cet ouvrier de la Ville.

Oserois-je demander aux élégants Ecrivains de la Capitale, & à leurs admirateurs, ce qu'il y a de mauvais dans une pareille recherche?

Oserois-je demander par quel motif il leur a plu de la ridiculiser? A qui donc esperent-ils faire du bien, en détournant de cet objet l'attention du Gouvernement & des bons Citoyens?

Vous criez contre la cherté du pain; vous avez raison.

Donc il faut faire diminuer le prix du bled au préjudice des Fermiers & des Propriétaires. » Marchez, Peres » du Peuple (1).... &c.

» Un moment, Messieurs, (ai-je » osé dire depuis sept ans) un mo-

---

(1) Réponse aux Docteurs Modernes.

» ment : ces Fermiers, ces Proprié-
» taires, sont ceux qui vous font
» vivre, vous tous tant que vous êtes
» de Peuple & de Peres du peuple,
» dans les Villes. La campagne est
» pour vous la poule aux œufs d'or,
» ne l'égorgez pas ».

» Si nous pouvions, avec le même
» bled, au même prix, avoir un cin-
» quieme de plus de très bon pain,
» ce moyen de soulagement seroit
» meilleur à tous égards que la vio-
» lence exercée contre les Produc-
» teurs, pour faire diminuer le bled
» d'un cinquieme de son prix. ».

» Or, le fait est possible, en voici
» les moyens constatés par l'expérien-
» ce, & prouvés de la maniere la plus
» authentique.

» Riez du Docteur sorti du moulin
» & de la Boulangerie; mais dites-
» nous, quand il s'agit de la cherté
» du pain & de la farine, si c'est au
» barreau, si c'est dans les Académies
» ou dans les cabinets, qu'on peut en
» connoître la cause? Dites-nous le-
» quel vaut mieux ou de conseiller
» aux bons Citoyens, aux Magistrats,

aux

» d'aller en redingotte chez les Meû-
» niers, & chez les Boulangers, pour
» étudier leur art ; & concourir, s'il est
» possible, à sa perfection ; ou de leur
» conseiller d'aller en robes chez les
» Blatiers, chez les Marchands, chez
» les Propriétaires, chez les Fermiers,
» pour mettre leurs grains au pillage ?

On n'a fait contre la mouture économique & la bonne boulangerie, qu'une objection sérieuse ; c'est qu'en ramassant la bonne farine, qu'une mauvaise mouture laisse avec le son, ce dernier aliment n'est pas si bon pour les animaux domestiques. Le fait peut être vrai jusqu'à un certain point ; mais appellez-vous encore inhumanité la préférence que nous vous demandons pour les hommes qui ont besoin de pain, qui ne peuvent vivre d'herbes, de racines sauvages & d'ordures, comme les animaux qui s'en nourrissent ?

La mauvaise mouture à la grosse, pratiquée dans plusieurs Provinces, laisse dans le son les plus beaux gruaux, ceux qui font à Paris la pâtisserie & les petits pains de café ; & vous croyez qu'il vaut mieux les donner aux cochons, à la volaille, aux chevaux, aux vaches, qui aiment tout autant des feuilles d'ormes, du trefle, de la luzerne, des feuilles de choux, des féverolles, &c. &c. &c.

Messieurs les Philosophes, Messieurs les Beaux-Esprits, je respecte vos lumieres, vos talents, vos ouvrages, je ne suis point jaloux de vos succès, de vos réputations, je n'ai nulle prétention à la célébrité, mais vous ne réussirez point à me persuader qu'il soit ridicule pour un Citoyen comme moi, qui n'a point votre génie, d'employer mon loisir & ma médiocrité à connoître & à promulguer une méthode qui rend le pain d'un cinquieme, & presque d'un quart à meilleur marché pour le Consommateur de la Ville, sans diminuer le prix du bled pour le Producteur de la campagne.

Au moins n'est-il pas juste qu'on nous accuse de ne penser qu'aux Propriétaires & aux Fermiers, de leur sacrifier sans pitié le Peuple des Villes, pendant que nous travaillons ainsi pour ce même Peuple des Villes.

Perfectionner la mouture & la Boulangerie, vous diminuez la cherté du pain (1).

Un fait très facile à vérifier vous prouvera cette vérité. Sur vingt ou sur trente Villes du Royaume, le bled n'y valant précisément que le même prix, comme deux sols la livre, poids de marc, il y a depuis trois deniers jusqu'à huit de différence sur la livre de pain de même espece.

D'où vient cette variété ? de la

---

(1) Les Monopoleurs privilégiés Commissionnaires du Roi, sont essentiellement ennemis jurés de la bonne mouture, & de la bonne boulangerie.

S'il étoit possible de nourrir un même nombre d'hommes avec soixante quinze septiers au lieu de cent, les approvisionnements d'ordonnance seroient moindres d'un quart.

Donc les quatre pour cent de bénéfice, les profits de menu détail, & ceux du change, seroient moindres d'un quart. Rien n'est plus simple.

Les Approvisionneurs d'ordonnance étoient trop habiles pour ne le pas sentir, & pour ne pas susciter aux promoteurs de la bonne mouture, de la bonne boulangerie, toute espece de persécution.

Il est triste pour les Beaux Esprits, de découvrir ici qu'ils ont été, sans doute fort innocemment, à la solde du monopole.

mouture & de la boulangerie, de leur plus grande ou de leur moindre imperfection.

Nous avons prouvé dans les Ephémérides que la perte est dans presque toutes les Provinces d'un cinquieme ; dans plusieurs autres, d'un quart, & dans quelques autres, de près du tiers.

On aura beau dire & beau faire, on ne m'empêchera jamais de penser & de publier que c'est une impiété abominable de sacrifier le Producteur des grains, soit Fermier, soit Propriétaire, en le forçant à diminuer le prix de son bled ; plutôt que de donner les mêmes soins, les mêmes dépenses à perfectionner les moulins & les boulangeries.

Reste enfin dans la main du Gouvernement un troisieme & dernier moyen de soulager les pays affligés d'une cherté passagere ; c'est la diminution des impôts.

Une remise proportionnelle aux calamités locales, a, comme les autres moyens, ce grand & précieux avantage qu'elle tombe toute au soulagement du Peuple, sans profits intermédiaires, fraudes, ni gaspillages.

Si les deux millions & demi ou environ que les Commissionnaires ont fait perdre au feu Roi, dans certaines années, avoient été tous employés en augmentation des atteliers de charité, & en diminutions d'impôts bien distribués, quels soulagements n'auroient-ils pas produits ?

Le plus précieux des avantages que procurent ces trois moyens, c'est qu'ils attirent le commerce & la denrée ; au lieu que tous les autres ne servent évidemment & nécessairement qu'à les repousser.

C'est-là précisément le point capital qu'il s'agit de persuader aux Officiers Royaux ou Municipaux chargés de la police des Villes.

Toute atteinte portée à la liberté du Marchand, toute menace, toute apparence d'inquiétude, effarouche & détourne le Commerce ; la denrée fuit ; Propriétaires, Fermiers, Blatiers, Fariniers, Négocians, tout se resserre, tout attend, tout pense à se mettre à couvert des vexations & des contraintes.

Un soldat effrayé qui perd la tête, se

jette à travers les ennemis croyant les fuir : il en est tout de même des administrations modernes, aux approches de la cherté, qui paroît annoncer la disette ; elles se jettent à la tête du monopole ou de la famine, en croyant les éviter.

Elles n'envisagent que le bled qui se trouve à leur portée, n'écoutent que les cris populaires, & ne sentent que le besoin pressé du moment.

Un instant de courage & de réflexion leur apprendroit que le secret le plus infaillible pour faire disparoître la majeure partie des bleds les plus prochains, & pour empêcher absolument ceux qui sont éloignés de s'approcher ; c'est d'user de violence & de contraintes envers les possesseurs.

Que le moyen de calmer les inquiétudes populaires, seroit d'être eux-mêmes plus calmes & plus tranquilles, plus constants dans la voie de la justice & de la sagesse ; au lieu de s'agiter, de s'irriter, & de se porter à des excès.

Que le vrai besoin du Peuple vraiment pauvre, dans les premiers momens de cherté ; c'est l'argent pour payer le grain & le pain aussi cher qu'on veut les vendre.

Un Administrateur, qui va contraindre les possesseurs du grain à les vendre à plus bas prix, ne peut pas dire qu'il n'y en a point : sa sollicitude & ses violences n'auroient pas lieu, s'il n'y avoit point de greniers.

Il y en a donc là sous la main, il y en a plus loin encore ; mais il est trop cher. Commencez par donner à vos vrais pauvres l'argent qui leur manque, pour atteindre à ce prix ; & sur-tout, confirmez plus que jamais la liberté, l'immunité la plus parfaite aux Propriétaires, aux Blatiers, aux Fariniers, aux Marchands quelconques. Avec ces deux aimants, dont la force est indubitable, soyez certain qu'il vous viendra du bled, s'il y en a dans le monde.

L'augmentation des salaires fournis aux pauvres doit être à la charge du Gouvernement ; & les ouvrages qu'ils font pour les gagner doivent être utiles & durables : voilà le profit.

Si la cherté se prolongeoit trop, si les secours apportés par le commerce parfaitement libre, parfaitement immune dans les lieux disetteux, ne remettroit pas les Consommateurs au niveau du prix commun; si ce malheur concouroit avec d'autres, comme les gelées, les grêles, les pluies qui désolent les vignobles, les inondations qui ravagent les champs & les prairies, le Gouvernement devroit encore soulager les riches mêmes, par la modération des impôts.

C'est ainsi que nous proposons depuis dix ans de soulager les Peuples dans les cas de chertés passageres.

Si ceux qui nous accusent d'insensibilité, de cruauté même envers les habitans des Villes ne nous ont pas lus, c'est une grande indiscrétion de leur part; s'ils nous ont lus, c'est encore pis.

Car enfin nos Ecrits à cet égard doivent être connus, au moins de ceux qui nous critiquent.

Liberté parfaite, immunité absolue pour tous ceux qui peuvent apporter des grains, travaux publics & bons salaires pour la partie souffrante du Peuple, soulagement pour tout le canton malheureux par la diminution des impôts.

Tels sont les moyens que nous croyons justes, honnêtes, utiles, & d'une infaillible efficacité contre la crainte de la disette & des maux qu'elle entraîne.

Il ne me reste plus qu'à traiter le point fondamental de toute notre doctrine, celui qui renferme pour un homme d'Etat, pour un Magistrat, pour un Citoyen qui veut s'instruire, la source de toute lumiere à cet égard, & l'anéantissement de toutes les difficultés. Le voici. La liberté rendra-t-elle le bled plus cher? Le rendra-t-elle à meilleur marché?

Il semble qu'à cette question si précise en apparence, on ne puisse faire qu'une seule & unique réponse, un oui, ou un non : voilà ce qu'on attend de nous; & en supposant que nous dirons oui, les Critiques en tirent, par provision, des conséquences à perte de vue.

Dans le vrai, notre réponse est double : nous disons oui & non, parceque telle est la vérité, tel est l'ordre de la nature.

La liberté rend-elle le bled à meilleur marché? Oui, pour l'acheteur consommateur des Villes.

Non, pour le vendeur producteur des campagnes. Par elle, il y a profit pour l'un & pour l'autre; l'un achette moins, & l'autre vend plus.

Ceci a l'air d'un paradoxe; mais ce paradoxe est la clef de tout, & j'en ferai la matiere d'une discussion à part. J'espére qu'elle ne sera pas longue; mais qu'elle portera jusqu'à la démonstration cette vérité que nous croyons être de la plus extrême importance.

Fin du troisième Mémoire.

SECONDE LETTRE,

Sur le problême fondamental du prix des grains pour le Vendeur & l'Acheteur ; sur l'augmentation des salaires & journées des Ouvriers ; sur l'accroissement du revenu des Seigneurs, des Propriétaires, des Fermiers, &c.

JE vous ai promis, Monsieur de finir par la démonstration du problême essentiel & fondamental sur la liberté du commerce des grains ; je vais vous tenir ma parole ; ayez la complaisance de m'accorder un redoublement d'attention.

Nous disons que la liberté du commerce *égaliseroit mieux* les prix du bled, qu'elle les *rapprocheroit plus* du prix moyen. C'est notre premiere proposition.

Nous disons que cette égalisation, ce rapprochement du *prix moyen* seroit également avantageux pour le producteur qui vend, & pour le consommateur qui achete.

Au contraire, le défaut de liberté cause des inégalités incroyables dans les prix ; ces inégalités sont très préju-

[illegible]itables aux acheteurs & aux vendeurs.

Ces propositions se prouvent par la raison & par l'expérience : le calcul & les faits les démontrent de la maniere la plus sensible.

Il est tout naturel que la liberté générale égalise les prix, & voici comment.

Dans les années abondantes, il se présente trois sortes d'acheteurs : 1°. les Consommateurs habituels ; 2°. les petits Marchands conservateurs, qui gardent pour le pays même ; 3°. les Négocians qui veulent importer des grains dans les Provinces qui sont affligées de la disette ou de la médiocrité.

Outre ces trois sortes d'acheteurs, il se trouve des Propriétaires, des Fermiers qui ne se pressent pas de vendre, ayant l'espoir d'être libres, & de tirer un jour meilleur parti de leurs denrées.

Les grains, quoique très abondants, ne tombent pas en non valeur, le prix se soutient plus près de l'état mitoyen.

Par les mêmes causes, dans les années très mauvaises, quoique les récoltes soient moins abondantes, le renchérissement des grains est beaucoup moindre.

Il y a des *vendeurs* créés par la liberté ; 1°. les Cultivateurs enrichis par la meilleure vente dans les années d'abondance, ont perfectionné leur culture ; ils ont donc, proportion gardée, plus de grains qu'ils n'en auroient eu. Les terres défrichées & améliorées fournissent un excédent.

2°. Les Propriétaires, les Seigneurs, les Décimateurs, ont été en état de garder, & plusieurs ont pris ce soin : 3°. les petits Marchands conservateurs sont dans le même cas : 4°. Les Négociants spéculateurs, attirés par l'immunité, sont préparés & excités à l'importation en gros.

Les subsistances, quoique la récolte soit mauvaise, ne montent pas à des prix excessifs.

Rien de plus naturel que ces deux effets. Aussi voit-on, par les Tables du prix des grains, imprimées par le savant M. Dupré de Saint-Maur, en 1746, dans son Essai sur les Monnoies, que dans les temps de liberté, par exemple, sous l'heureux gouvernement de Henri IV & de Sully, lorsque le commerce des grains jouissoit d'une parfaite liberté, depuis 1599 jusqu'en 1710, quoique il y eût, comme il arrive toujours, des années très bonnes, des médiocres & de très mauvaises, les variations ne furent point excessives.

Le prix du bled se soutint depuis 7 jusqu'à 12 livres, monnoie du temps, le septier.

L'argent étoit alors à 22 liv. le marc; c'étoit à-peu-près entre le tiers & la moitié d'un marc d'argent,

C'est-à-dire, depuis environ 18 liv. jusqu'à 27 liv. de notre monnoie; car le marc d'argent fin, qui valoit 22 liv. en vaut 54.

Dans les mauvaises années, comme 1603, 1608, 1609, le septier de bled se vendit 11 liv. 18 sols 3 deniers, 11 liv. 10 sols 5 deniers, 10 livres 1 sol 7 deniers.

C'est comme qui diroit aujourd'hui 27 liv. 10 à 12 sols; 27 liv. 5 sols; 26 liv. 15 sols.

Dans les années communes, le bled fut à 7 liv. 6 ou 7 sols le septier; c'est comme qui diroit aujourd'hui 18 liv. quelques sols: telles sont les années 1599, 1600, 1604, 1606, 1607, 1610.

Dans les années très bonnes, comme 1601 & 1605, il fut à 6 liv. 14 f. environ ; c'est comme qui diroit aujourd'hui environ 17 francs.

La même égalité se soutint à-peu-près pendant le ministere du Cardinal de Richelieu, qui ne mit point d'entraves à la liberté du commerce des grains.

Au contraire, pendant les dix plus belles années de Colbert, qui détruisit toute liberté, les variations furent énormes, c'est-à-dire, de 7 livres 4 sols, qui fut le prix en l'année 1668, à 40 liv. 16 sols, qui fut le prix en 1662.

L'argent fin, qui vaut aujourd'hui 54 liv. 6 sols le marc, valant pour lors 28 liv. 13 sols, les 7 liv. 4 sols sont, comme qui diroit présentement 13 l. 12 sols ; & les 40 l. 16 sols, comme qui diroit aujourd'hui, 77 l. 8 sols.

Ainsi, le septier se tenoit très-peu au-dessous du tiers d'un marc d'argent dans les bonnes années, & très-peu au-dessus de la moitié du même marc dans les mauvaises ; jamais il ne tomba vers le quart du marc d'argent dans les cas d'abondance ; jamais il ne passa de beaucoup la moitié du marc dans les plus grandes disettes : sous les regnes de Henri IV & Sully, le prix de la plus grande cherté fut de 27 à 28 liv. de notre monnoie.

Sous Louis XIV, du temps de Colbert & après, nous trouvons ce sep- de Paris quatorze ans au dessous du quart d'un marc d'argent fin, savoir, en 1667 & suivantes, jusqu'en 1674 inclusivement : en 1668 & suivantes jusqu'en 1671 inclusivement : & les deux années de ce siecle 1706 & 1707. Alors le marc d'argent valoit 28 liv. 14 sols 4 den. le bled valoit environ 7 liv. le septier de Paris.

Mais il passa 28 liv. depuis 1661 jusqu'en 1666, depuis 1675 jusqu'en 1680, toutes les années 1684 & 1685, depuis 1695 jusqu'en 1700 inclusivement; & depuis 1709 jusqu'en 1714 inclusivement, c'est-à-dire 27 années sur 54.

La valeur du septier de bled, mesure de Paris, fut dans quelques unes de ces années, à plus de trois quarts d'un marc d'argent ; c'est comme qui diroit à présent au-delà de 40 francs.

En 1661, 1662 & 1663, le prix fut de 77 liv. à 40 liv. environ de notre monnoie actuelle. En 1693 & 1694, de 85 liv. à 57 livres : depuis 1699 jusqu'en 1714, de 80 à 40 livres.

Remarquons bien ces prix, depuis 77 liv. jusqu'à 85 liv. c'est plus d'un marc & demi, & jusqu'à un marc & les trois quarts.

Alors un septier de bled coûtoit sept fois plus que dans le temps où la même mesure se vendoit environ le quart d'un marc d'argent.

Quelles étranges variations!... Nous n'avons cessé de les rappeller, & d'en faire la base des spéculations sur le commerce des bleds. Cependant les apologistes des préjugés & des réglements n'ont cessé de les oublier, & de les faire oublier au public qui ne réfléchit point.

Non seulement ils ont négligé de faire attention au problême essentiel & décisif, qui se fonde sur ces faits indubitables, mais encore ils ont supposé comme certaine, comme incontestable cette proposition, *que dans le temps des Réglements il n'y eut point de chertés*.

Ils joignent cette premiere idée absolument fausse, avec une seconde idée qui ne l'est pas moins, savoir, que depuis 1763 nous n'avons point eu de mauvaise année; ce qui seroit un miracle, dont la Providence n'a pas voulu nous gratifier; car dans cet espace de dix années, 1766 & 1774 sont mauvaises, 1767 & 1770 très mauvaises.

Mais en les supposant fort bonnes, contre toute vérité; en supposant, 2°. pareillement contre toute vérité, que le prix de 28 à 30 ou 36 l. le septier de Paris, est celui de la plus grande cherté: en supposant, 3°. contre toute vérité, qu'il n'y a eu ni des chertés égales, ni à plus forte raison de chertés excessivement supérieures dans le temps des réglements: en supposant 4°. que la liberté du commerce des grains existe parfaite & entiere depuis 1763 jusqu'à présent; ce qui est contre toute vérité, la liberté n'ayant été qu'imparfaite depuis 1763 jusqu'en 1770, & totalement abolie depuis.

Avec ces quatre suppositions fausses, on forme cette proposition, répétée dans tous les Ecrits anti-économiques, *la liberté a produit la cherté* (1).

On a tant redit cette proposition au Peuple de Paris, qu'elle a passé comme une vérité avouée, pendant tout le temps où l'on nous a forcé de garder le silence, & de laisser le champ libre aux Adversaires, qui n'ont épargné, ni nous, ni nos ouvrages, ni notre doctrine.

Il est donc nécessaire de rétablir encore l'histoire véritable & remarquable des chertés qu'on a éprouvées dans le temps de la police réglementaire & du défaut total de liberté dans le commerce des grains.

Ce ne sera pas moi, Monsieur, qui vous la ferai cette histoire, je l'emprunterai d'un de vos Confreres les plus respectables & les plus respectés, de M. de C.... Conseiller de Grande Chambre, dont les lumieres, la probité, le Patriotisme sont si connus.

Je vais copier mot à mot le récit

(1) Cette proposition est répétée deux fois dans une Lettre du sieur G. Architecte, en faveur des corvées, qu'on vient de nous faire connoître. Nous la réfuterons dans notre prochain Recueil.

historique de ces chertés arrivées sous l'empire des réglements, tel qu'il fut lu par ce digne Magistrat dans la fameuse assemblée générale de Police, tenue au Palais le 28 Novembre 1768.

Il dit : « que de ce qu'il arrivoit » une cherté sous le régime de la loi » de liberté, on ne sauroit en con» clure que la loi fût la cause de la » cherté.

» Que les chertés étoient fréquen» tes sous le régime de l'ancienne » législation, & qu'en parcourant seu» lement les Regnes de Louis XIII » & de Louis XIV, & les temps de » leur pleine majorité, on trouvera » des chertés en 1621, 1626, 1630, » 1660, 1693, 1698, 1709; que » plusieurs avoient duré quatre à » cinq années, quelques-unes da» vantage, & qu'on voyoit que sur » quatre-vingt huit ans que les ma» jorités de ces deux regnes avoient » duré, il y avoit eu trente-quatre » années de cherté, dans plusieurs » desquelles le bled avoit été porté » jusqu'à 86, 89 & 97 livres le septier, » & le pain jusqu'à douze & quinze » sols la livre, monnoie actuelle;

» que ces hauts prix ne s'étoient
» point soutenus pendant tout le
» temps des chertés ; mais que le
» prix commun, pendant cinq ans,
» avoit été de 42 livres 18 sols ;
» pendant deux, de 53 liv. 19 sols ;
» pendant trois ans, de 38 liv. 9 sols ;
» & pendant deux ans, de 63 livres
» 17 sols ; qu'ainsi les temps de l'an-
» cienne législation avoient été beau-
» coup plus malheureux que ceux-ci.

» Qu'on prétend à la vérité que
» c'étoit l'oubli des Loix qui ame-
» noit la cherté, & que, dès qu'on
» les faisoit exécuter, le bon marché
» revenoit avec l'abondance ; mais
» que pour juger de l'effet des Ré-
» glements, il n'y avoit qu'à consul-
» ter le Traité de la Police, & y
» joindre les tableaux des prix de Ro-
» zoy, donné au public par M. Dupré
» de Saint Maur, dans son Essai sur
» les Monnoies, qu'on y verroit, au
» contraire, que les efforts des Ma-
» gistrats n'avoient point été couron-
» nés des succès que méritoient la
» pureté de leurs intentions.

» Que ce qu'on connoissoit de ce
» qui s'étoit passé en 1621, se réduit

» soit à une Sentence de Police rendue
» le 8 Janvier 1622, qui n'empêcha
» point que le bled n'augmentât, &
» ne se soutînt pendant deux ans, au
» prix de vingt-huit & de vingt-neuf
» livres au marché de Rozoy; ce qui
» étoit regardé alors comme un prix
» excessif.

» Qu'en 1630, les premieres in-
» quiétudes se manifesterent au mois
» de Juillet; qu'alors le bled étoit à
» Rozoy à vingt-neuf livres; qu'on
» tint une assemblée générale de Po-
» lice; qu'on distribua des Commis-
» saires sur les ports & dans les halles;
» qu'on en députa six dans les Pro-
» vinces qui environnent Paris, pour
» faire arriver des grains; que le
» Commissaire Lamare, dit qu'ils en
» firent en effet arriver, & que la
» cherté cessa avec la disette; mais
» que n'étant pas entré à cet égard
» dans aucun détail, on ignore quel
» fût précisément à Paris l'effet de
» cet approvisionnement; qu'il y avoit
» toute apparence qu'il ne produisit
» qu'une diminution artificielle &
» éphémere, puisqu'il étoit constant,
» par les tables du marché de Rozoy,

» que le prix commun des bleds fut à » Rozoy, pendant toute l'année 1630, » de 47 liv. 16 sols; pendant l'année » 1632, de 37 liv. 18 s. 10 deniers » & qu'il ne tomba à 28 liv. 10 sols » qu'au mois d'Avril 1633; qu'ainsi » les descentes des Commissaires ne » produisirent aucune diminution » réelle.

» Qu'en 1660, il paroissoit que plus » la Police avoit redoublé de sévérité, » plus le bled avoit augmenté de prix.

» Que, suivant le Commissaire » Lamare, il valoit au mois de Juin » 1660, 25 liv. 10 sols; qu'il fut » porté en très peu de temps à 65 l. » 10 sols. Après avoir sévi contre » quelques Marchands, on députa » neuf Commissaires au Châtelet, » pour se transporter dans les Pro- » vinces, informer des abus, faire » ouvrir des magasins, & amener des » bleds à Paris. Ils partirent au mois » d'Octobre, & trouverent neuf mille » quatre cents cinquante muids (1) 8 » septiers de bled; ils en firent partir

(1) C'est de quoi nourrir Paris un peu moins de quinze jours.

» trois mille six cents pour Paris, ar-
» rêterent le reste, jusqu'à ce qu'ils eus-
» sent des voitures, & le bled baissa,
» suivant le Commissaire Lamare, à
» 44 liv. 10 sols.

» Que les choses avoient pu se
» passer ainsi à Paris; mais que tous
» ces mouvements n'avoient eu au-
» cune influence sur le marché de
» Rozoy; qu'il n'éprouva dans cette
» époque ni la cherté excessive de 65
» livres, ni les diminutions si sen-
» sibles au marché de Paris, & que le
» bled, qui étoit, le 2 Octobre 1660,
» à 48 livres 12 sols, se soutint à-peu-
» près au même prix jusqu'au mois
» d'Octobre 1661.

» Qu'il s'étoit élevé un conflit entre
» les Officiers du Châtelet & ceux du
» Bureau de la Ville; que pendant
» ce conflit leur activité réciproque
» avoit été suspendue, & que le bled
» étoit demeuré à Rozoy, toujours au
» même état.

» Que ce conflit ayant été décidé le
» 19 Août 1661, la vigilance de ces
» Officiers se ranima sans doute, &
» le bled, suivant le Commissaire

» Lamare

[illegible] Paris, au mois

» Que les Arrêts du Parlement, » ceux du Conseil, se multiplierent » pour ramener l'abondance à Paris, » pour y faire arriver, soit les bleds » des Provinces voisines, soit ceux » qui avoient été achetés dans les » pays étrangers.

» Que pour connoître quelle in- » fluence ces Arrêts avoient eue sur le » prix du bled, il falloit consulter les » tables des prix du marché de Ro- » zoy; qu'on y verroit qu'il fût à Ro- » zoy, au 4 Octobre, à 58 liv. 19 sols; » au premier Janvier 1662, à 58 liv. » 16 sols 8 deniers; au premier Avril » à 66 liv. 17 s. 4 den.; au premier » Juillet, à 77 liv 1 sol; qu'il fut à » Paris à un prix encore plus ex- » cessif, vers le mois de Mai, puis- » qu'il y valut, suivant le Commis- » saire Lamare, 97 liv. 7 s. & le pain » 15 sols la livre; qu'ainsi les saisies, » Ordonnances, Sentences, Arrêts » multipliés pendant vingt mois, ne » purent l'empêcher de venir à cet » excès, & que ce ne fut que lors-

F

» que les bled[illegible]
» acheter, arriverent [illegible]
» diminua.

» Que les chertés de 1672, 1698 &
» 1709, présentoient à-peu-près les
» mêmes tableaux & les mêmes ré-
» sultats; qu'il étoit vrai cependant
» qu'en 1694, le bled étant parvenu à
» 89 liv. puis retombé à 84 liv. le sep-
» tier, on avoit envoyé, le 20 Juil-
» let, six Commissaires au Châtelet
» dans les Provinces, pour en faire
» arriver à Paris; qu'ils le firent, &
» que le bled diminua : mais que
» leurs soins n'en furent pas la seule
» cause; que tous les efforts de la Po-
» lice, depuis dix-huit mois, avoient
» été impuissants; que ceux-ci furent
» heureusement secondés de la récolte
» la plus abondante; qu'il lui parois-
» soit que ce fût à la récolte, encore
» plus qu'au voyage des Commissaires,
» que le succès en fût dû, puisqu'en
» 1709, ils n'empêcherent point le
» bled de monter à 86 liv. 11 sols
» à Rozoy, & à un prix encore sans
» doute plus haut à Paris, au mois
» d'Octobre, c'est-à-dire, trois mois

» après le départ des Commissaires
» pour la Province ; que la certitude
» de la récolte abondante des mêmes
» grains fit ensuite diminuer le bled
» peu à peu ; mais qu'il valoit encore,
» au mois de Juillet 1710, 41 liv.
» 13 s. 9 den. (1)

» Que d'après ces différents faits,
» il lui étoit difficile de n'être pas
» convaincu de l'inutilité des efforts
» des Magistrats contre la cherté des
» grains.

» Qu'on ne pouvoit espérer de vé-
» ritable secours, que du commerce
» & de la liberté qu'il demandoit ;
» que cette liberté avoit toujours été
» reconnue pour l'ame de tout com-
» merce, & que ce principe étoit
» avoué par ceux-mêmes qui propo-
» soient aujourd'hui de lui donner
» des entraves qui l'anéantiroient sans
» ressource.

(1) M. de C** pouvoit ajouter qu'en 1724, 25 & 26, le bled fut depuis 30 livres jusqu'à 32 liv. 18 sols.

En 1740 & 1741, depuis 32 liv. jusqu'à 57 liv. 12 sols, le pain à 9 sols la livre pendant plusieurs jours, & à cinq sols pendant un an presque entier.

Je ne dois rien ajouter à ce discours fondé sur les faits les plus certains, si ce n'est, 1°. que les années 1767 & 1770 ont été mauvaises comme les pires du regne de Louis XIV ; que les années 1766 & 1774 ont été des plus médiocres.

2°. Que le prix du septier de bled n'a jamais passé, depuis 1763, les deux tiers du marc d'argent fin, qui vaut 54 livres, dont les deux tiers sont 36 livres.

S'il a été aux environs de ce prix, c'est dans les temps où la liberté accordée en 1763 fut plus restreinte, & les réglements mieux ressuscités; c'est dans les années 1768 & 1771, qui suivirent des récoltes absolument & généralement très mauvaises.

Communément les prix se sont soutenus aux environs de 26 livres, c'est-à-dire, à la valeur de la moitié d'un marc d'argent.

De ces faits, aussi véritables que les assertions des Anti-économistes le sont peu, résulte une proposition opposée à leur dicton populaire, proposition que je crois démontrée, savoir, » que

» le commencement de la liberté ac-
» cordée en 1763., sous le Ministere
» de M. Be[illegible], quoique encore in-
» complette, a beaucoup diminué la
» cherté des grains, bien loin de
» l'avoir augmentée;

Puisqu'on n'a point vu le septier de froment valoir plus des doux tiers d'un marc d'argent, pendant que, sous Louis XIV, on l'a vu très souvent valoir un marc tout entier, un marc un quart, un marc & demi, & même au delà;

Puisqu'il a valu sous le regne de Louis XV aux environ d'un marc tout entier, c'est-à-dire, environ 50 liv. en 1725, en 1740 & 1741.

Il est vrai qu'on l'a vu tomber à très bas prix sous l'un & sous l'autre regne; ensorte qu'il a valu même un peu moins que le quart d'un marc d'argent.

Mais c'est précisément ces variations qui font le mal dont nous nous plaignons.

Quand nous disons le mal, il faut entendre le mal général, c'est-à-dire, le mal du producteur qui vend, & du consommateur qui achette; c'est-à-dire, le mal des Villes & le mal des campagnes.

Plus il y a d'unif[illegible]té dans les prix, plus il y a de profits pour le vendeur & pour l'acheteur ; c'est-là, Monsieur, le problême fondamental que je vous avois réservé pour cette derniere Lettre.

Il faut considérer que les éléments du calcul ne sont pas les mêmes pour l'acheteur & pour le vendeur : faute d'en faire la remarque, on tombe dans l'illusion. Le consommateur de Ville achete chaque année la même quantité de grains ou à-peu près ; mais les producteurs de campagne n'en vendent pas la même quantité.

Dans les années très mauvaises, les Fermiers, les Propriétaires n'ont que très peu de grains, récoltés. Quoique le prix en soit excessif pour les gens de la Ville qui le consomment, les cultivateurs en retirent peu de profits ; quelques-uns sont obligés d'en acheter alors, n'ayant pas recueilli la subsistance de leurs propres maisons, ni leurs semences pour l'année future ; d'autres n'en ont point, ou du moins en ont très peu, qu'ils puissent vendre.

C'est par cette raison que les années très abondantes ne récompensent point les très mauvaises, quand le défaut de liberté fait tomber les denrées au plus bas prix dans un temps, & les fait monter à l'excès dans un autre.

Pour se convaincre facilement de cette vérité, nous allons considérer le tableau de dix années de liberté & d'uniformité de prix, pendant lequel ils n'ont été ni excessivement forts, ni excessivement foibles. Telles furent les dix belles années de Henri IV & de Sully.

Nous examinerons ensuite le tableau de dix années sans aucune liberté, pendant lesquelles on vit les bleds monter à des prix extrêmes, & redescendre au plus bas. Telles furent les brillantes années de Louis XIV & de Colbert.

Je vous préviens, Monsieur, que j'adoucis même ces tableaux, que je force un peu les variations du regne de Henri IV, & que je diminue beaucoup davantage celles du regne de Louis XIV, afin de prendre des nombres ronds, & de rendre la démonstration arithmétique plus frappante.

Sur dix ans, j'en compte deux très bonnes, deux bonnes, deux médiocres, deux mauvaises, deux très mauvaises.

Dans les très bonnes, je suppose que le cultivateur vend cinq septiers par arpent, ses semences & ses subsistances prélevées. C'est dix septiers pour les deux années qui sont très bonnes, sur dix ans.

Dans les bonnes années, quatre septiers vendus par an, ou huit septiers dans deux pareilles années.

Dans les médiocres, trois septiers, ou six pour deux médiocres; dans les mauvaises deux septiers, ou quatre pour les deux semblables; enfin dans les très mauvaises, un septier, ce qui n'en fait que deux pour la double année très mauvaise.

Au total, en dix ans, trente septiers par chaque arpent de froment.

Tel est l'élément fondamental du calcul pour le Producteur qui vend.

Chaque année un homme peut manger aux environs de trois septiers de bled ; le consommateur achete donc aussi trente septiers en dix ans. Voilà la ressemblance.

Mais il les achete à raison de trois par chaque année, toujours également, à proportion qu'il mange ; au lieu que le producteur les vend très inégalement, tantôt beaucoup, & tantôt peu, à proportion qu'il récolte : & voilà la différence.

Ceci posé, voyons les anciens tableaux des prix plus uniformes, qui naissoient infailliblement de la liberté.

Pour le Vendeur.

Années.	*A vendre.*	*Prix.*	*Sommes.*
2 très bonnes.	10 septiers	18 l. . . .	180 l.
2 bonnes . . .	8 septiers	20 l. . . .	160 l.
2 médiocres . .	6 septiers	22 l. 10 f.	135 l.
2 mauvaises . .	4 septiers	25 l. . . .	100 l.
2 très mauv.	2 septiers	28 l. . . .	56 l.

Total de la recette en dix ans . . 631 l.

Total des grains vendus, trente septiers.

Prix moyen du producteur vendeur, 21 l. 8 d. le septier.

Pour l'Acheteur.

Années.	*A consommer.*	*Prix.*	*Sommes.*
2 très bonnes .	6 septiers	18 l. . . .	108 l.
2 bonnes	6 septiers	20 l. . . .	120 l.
2 médiocres . .	6 septiers	22 l. 10 s.	135 l.
2 mauvaises . .	6 septiers	25 l. . . .	150 l.
2 très mauvaises	6 septiers	28 l. . . .	168 l.
Total des paiements . . .			681 l.

Total des grains achetés, trente septiers.

Prix moyen de l'acheteur consommateur, 22 liv. 14 s. le septier.

Les variations ne montent que de 18 à 28 l. de notre monnoie actuelle ; la différence entre le prix du vendeur & celui de l'acheteur n'est que de 34 s. par septier ; à quoi il faut ajouter seulement le bénéfice du Marchand conservateur à dix ou douze pour cent.

Ce tableau est à peu de chose près la réalité des dix années si précieuses dans nos annales, depuis 1599 jusqu'en 1610.

Voyons celui des années 1662 & suivantes, jusqu'à 1672.

Je ne prends pour extrêmes que 14 l. & 39 livres ; mais je me conforme à la brusquerie des révolutions extrêmes occasionnées par le défaut de liberté, par les réglements, les prohibitions, les contraintes, & les monopoles, qui en sont la suite inévitable.

Voici les tableaux & les résultats.

Pour le Vendeur.

Années.	*A vendre.*	*Prix.*	*Sommes.*
2 très bonnes	10 septiers	14 l. . . .	140 l.
2 bonnes . . .	8 septiers	16 l. . . .	128 l.
2 médiocres . .	6 septiers	22 l. . . .	132 l.
2 mauvaises . .	4 septiers	30 l. . . .	120 l.
2 très mauv.	2 septiers	39 l. . . .	78

Total de la recette en dix ans . . 598 l.

Total des grains vendus, trente septiers.

Prix moyen du vendeur, 19 l. 18 s. 8 d.

Pour l'Acheteur.

Années.	*A consommer.*	*Prix.*	*Sommes.*
2 très bonnes .	6 septiers	14 l. . . .	84 l.
2 bonnes	6 septiers	16 l. . . .	96 l.
2 médiocres . .	6 septiers	22 l. . . .	132 l.
2 mauvaises . .	6 septiers	30 l. . . .	180 l.
2 très mauvaises	6 septiers	39 l. . . .	234 l.

Total des sommes dépensées . . . 726 l.

Total des grains achetés, trente septiers.

Prix moyen de l'acheteur consommateur, 24 liv. 4 s. le septier.

A quoi il faut ajouter, comme dans

l'autre cas, le bénéfice mercantile des Conservateurs.

La différence est de 14 à 39 livres; on a quatre années de bas prix sur dix. Les deux révolutions peuvent concourir ensemble, & l'on aura, pendant huit années, le bled à 14, 15 & 16 livres, on l'aura pendant 4 à 22 livres. C'est précisément ce que l'on éprouva depuis 1667 jusqu'en 1674.

C'est ce qu'on a vu depuis 1733 jusqu'en 1739, & depuis 1741 jusqu'à la déclaration de 1763.

Mais aussi l'on aura quatre ou cinq années de cherté où le bled se soutiendra jusqu'aux environs de 50 livres, prix moyen, c'est ce qu'on éprouva depuis 1699 jusqu'à la mort de Louis XIV.

Ces tableaux sont frappants, ils prouvent d'eux-mêmes cette vérité, que l'égalisation des prix, fruit naturel & infaillible de la liberté du commerce, est également avantageuse aux vendeurs & aux acheteurs; que les brusques variations, suites nécessaires des prohibitions & des contraintes, leur sont également nuisibles.

Ajoutons, Monsieur, pour achever cette démonstration déja sensible, &

pour ainsi dire palpable, une observation qui la complette.

Depuis le ministere de Henri IV & de Sully, tout est renchéri dans le monde, par l'introduction perpétuelle des métaux précieux qui forment les monnoies : les salaires, les marchandises, les impôts, tout a prodigieusement augmenté de prix.

Indépendamment de ce que le marc d'argent, qui ne valoit que 22 liv. au temps de Henri IV, vaut à présent 54 livres ; il n'est pas vrai qu'avec dix marcs, ou 540 liv. de revenu franc & quitte, on pût vivre à présent aussi bien qu'on vivoit vers 1610 avec 220 livres.

Le rehaussement des impôts, celui des salaires & marchandises, est tel que le prix d'un septier de bled devroit valoir, prix moyen, pour le moins un quart de plus, outre la premiere évaluation du prix d'un marc d'argent.

Il est de fait, cependant, que cette augmentation ne sera pas telle à beau coup près, pour l'acheteur, dans l'état de liberté parfaite. A juger par l'expérience, nous pourrions assurer qu'elle seroit presque nulle pour les consommateurs des villes qu'on nous accuse de sacrifier, quoiqu'elle fût assez bonne pour le producteur de la campagne.

Tout homme instruit & de bonne foi trouvera, Monsieur, que je m'approche le mieux possible de la plus exacte vérité, en fixant le terme des variations entre vingt & trente francs le septier, mesure de Paris, & le prix moyen à 25 livres : vous voyez qu'il n'est qu'entre 26 & 27 livres cette année-ci, qui est presque généralement mauvaise.

Voyons donc les tableaux du temps présent, pour comparer les résultats avec les précédents.

Pour le Vendeur.

Années.	*A vendre.*	*Prix.*	*Sommes.*
2 très bonnes	10 septiers	20 l. . . .	200 l.
2 bonnes . . .	8 septiers	22 l. 10 s.	180 l.
2 médiocres . . .	6 septiers	25 l. . . .	150 l.
2 mauvaises. . .	4 septiers	27 l. 10 s.	110 l.
2 très mauv.	2 septiers	30 l. . . .	60 l.

Total des sommes reçues . . . 700 l.

Total des septiers vendus . . trente.

Prix moyen du vendeur, 23 l. 6 s. 8 d.

On voit ici un bénéfice pour les producteurs qui vendent ; il est de 3 liv. 8 sols par septier, ce qui forme un objet assez considérable : voyons l'autre tableau.

Pour l'Acheteur.

Années.	*A consommer.*	*Prix.*	*Sommes.*
2 très bonnes . .	6 septiers	20 l. . . .	120 l.
2 bonnes	6 septiers	22 l. 10 s.	135 l.
2 médiocres . . .	6 septiers	25 l. . . .	150 l.
2 mauvaises . . .	6 septiers	27 l. 10 s.	165 l.
2 très mauvaises	6 septiers	30 l. . . .	180 l.

Total des sommes dépensées . . 750 li.
Total des septiers achetés . . . . . trente.
Prix moyen de l'acheteur . . . . . 25 l.

L'augmentation totale pour l'acheteur, n'est que de saize sols par chaque septier (1).

Mais si le prix moyen n'est augmenté que de cette petite somme, pour le consommateur de la ville, il est augmenté de 3 liv. 8 sols pour le producteur de la campagne.

Je vous supplie, Monsieur, de bien examiner ces tableaux, car c'est-là où réside précisément toute la question du commerce des bleds.

(1) C'est 48 sols par an pour trois septiers ; c'est un peu moins d'un sols par semaine pour chacun des consommateurs.

Vous allez y trouver la réponse à deux objections qu'on a fait sonner très haut, & qu'on a répétées avec confiance de mille & de mille manieres.

Je vous les ai réservées pour ce moment, parcequ'il m'avoit paru que la solution en seroit plus frappante ; vous allez en juger.

La premiere objection se réduit à ceci. » La liberté renchérit le bled, » selon vous-mêmes : autrefois, dans » l'espace de dix années, on l'avoit » quatre fois à 14 & à 16 livres, deux » fois à 22 francs le septier de Paris. » C'est six années de bon temps sur » dix.

» Aujourd'hui on ne l'aura jamais » au-dessous de 20 francs ; & dans les » années médiocres où il valoit 22 » francs, il en vaudra 25.

» Il faudroit donc *renchérir à proportion* les salaires & journées des ouvriers : or, c'est ce qui n'arrive point, » elles ont à peine augmenté d'un quart » ou d'un cinquieme depuis dix ans.

» La proportion à observer n'est-» elle pas, selon vous-mêmes, celle » de 14 à 20 livres, de 16 à 22 livres,

» pour que toute justice soit accom-
» plie ; pour que l'acheteur, consom-
» mateur des villes ne soit pas sa-
» crifié ? »

Certes, voilà cette premiere difficulté dans tout son jour. Nos tableaux l'ont résolue d'avance.

Sous l'empire des réglements, le bled tomboit, il est vrai, jusqu'au prix de 14 à 15 liv. le septier de Paris, même aux environs de 12 francs lorsque les très bonnes années se succédoient.

Les variations du temps & des saisons n'ayant point de regles fixes, il peut arriver que les douze ou quinze bonnes se succedent ; & c'est alors que le peuple s'accoutume à voir les grains à vil prix, comme nous nous souvenons tous de l'avoir vu dans les années antérieures à 1763.

C'est là-dessus qu'est fondée l'objection. Mais si vous joignez à ces années d'abondance, les années de médiocrité, les années de disette, qui malheureusement n'ont jamais manqué de précéder & de suivre, vous changez prodigieusement les calculs : alors le prix moyen de l'acheteur consommateur, qui ne vous sembloit être que de 1[illegible] à 20, parceque vous preniez 15 à 18 années de récoltes médiocres, de bonnes & de très bonnes, va se trouver à 24 ou 25 livres pour le moins, dès que vous y joindrez les mauvaises, les très mauvaises récoltes qui précéderent & qui suivirent.

S'il y a quelque augmentation dans le prix des grains pour l'acheteur consommateur dans l'état de liberté, nous venons de voir qu'elle est tout au plus seize sols sur 25 francs (1).

Voilà donc la *proportion* que doit *nécessairement suivre* l'augmentation des salaires, je dis la proportion fixe & continuelle.

Les ennemis de la liberté, croyent qu'ils ont choisi le meilleur champ de bataille, en nous attaquant précisément dans une période d'années médiocres, mauvaises, très mauvaises, qui se sont succédées de très près en très près depuis 1766 : ils disent, avec une espece de triomphe, le pain n'est-il pas cher ? Le bled n'est-il pas au-dessus du prix moyen ! N'est-il pas presque au double. Ils ne pensent & ne font penser qu'aux

---

(1) Ce qui ne fait pas un sols par semaine pour chacun des consommateurs.

années du vil prix des grains, occasionné par l'abondance & le défaut de liberté :

Ils oublient 1°. les mauvaises années antérieures, & les prix excessifs des bleds, causé par le défaut de liberté :

Ils oublient 2°. les accidents des années récentes 1766 & 1774, sur-tout 1767 & 1770 :

Ils oublient 3°. que dans ces années terribles, le petit commencement de liberté, donné en 1763, a opéré malgré son imperfection, que le prix de l'acheteur consommateur, n'a pas été de moitié aussi excessif qu'il le fut dans les anciens temps.

Voici donc notre réponse: » Oui, » le pain est cher; oui, le bled est » au-dessus du prix moyen, à cause » des mauvaises récoltes. Mais il l'est » moitié moins qu'il ne le seroit, sans » le commencement de liberté donné » en 1763. Il l'est plus de moitié » moins qu'il ne le fut dans les » temps des prohibitions & des réglements.

» S'il y avoit eu liberté plus parfaite, » moins de gênes & de monopoles intercalés, il auroit été de beaucoup » moins cher encore.

» La preuve, c'est qu'en 1775, si » la récolte fut beaucoup meilleure » qu'en 1774, & que les bleds furent » plus chers, parcequ'on avoit ôté » toute liberté, renouvellé les ré- » glements & les monopoles privilé- » giés «.

La cherté des mauvaises années étant *moindre* par la *liberté*; ce n'est pas le cas de demander pourquoi les journées & les salaires n'augmentent pas. Augmenterent-ils quand le bled valoit 77, 80, 83 liv. le septier, dans des années pareilles ? non sans doute.

Mais au contraire, ils sont par-tout augmentés depuis 1763, beaucoup plus que le vrai prix moyen du bled, qui n'est pas haussé d'un sur trente, puisqu'il ne l'est que de seize sols sur 23 francs.

Pourquoi ? c'est que l'augmentation des salaires ne se regle pas sur le prix de l'acheteur consommateur, mais sur le prix du producteur vendeur des grains.

Or, nous avons vu que le prix moyen du vendeur, est augmenté de 3 liv. 8 s. par septier, au moyen de la liberté & de l'égalisation des prix, parcequ'il est mieux payé dans les années abondantes, où il a beaucoup de septiers à vendre.

C'est-là ce qui enrichit les fermiers, les propriétaires, leurs salariés & gagistes; c'est ce qui les met dans le cas d'augmenter leurs dépenses, d'employer plus d'ouvriers, de les mieux payer, de leur donner plus souvent du travail & du profit.

Aussi l'augmentation du prix des journées est-elle constante, elle est beaucoup supérieure à la véritable augmentation du prix moyen des acheteurs consommateurs (1).

Car cette véritable augmentation n'est pas celle qui paroît au premier coup d'œil, en comparant uniquement l'époque des bas prix causés par l'abondance & le défaut de liberté, avec l'époque des chertés (quoique moindres) causées par les mauvaises récoltes, & par l'imperfection d'une semi-liberté trop violée.

C'est celle qui résultera d'une *li-*

---

(1) Voyez les Lettres des Parlements d'Aix, Toulouse & Grenoble au Roi, & la Gazette du Commerce, par M. l'Abbé Roubaud.

berté totale dans une *époque totale* formée des années bonnes, médiocres & mauvaises, dont l'alternative est malheureusement infaillible dans tous les climats.

Au reste, Monsieur, nous n'avons pas dessein de dissimuler, par cette observation, la misere du Peuple des campagnes ni des Villes, & la nécessité de les soulager.

Elle est extrême, cette misere, parceque les mauvaises récoltes en vins & en autres productions se sont jointes aux mauvaises récoltes en bled; parceque les impôts se sont aggravés, parceque le commerce & l'industrie sont ruinés, parceque.... parceque... parceque.

Mais sans le commencement de liberté donnée en 1763 par M. Bertin, elle auroit été encore pire. Vous en avez désormais les preuves sous les yeux.

Nous plaignons le peuple qui souffre : nous desirons qu'on le soulage, principalement qu'on adoucisse l'impôt.

Mais nous disons que d'accuser la

liberté du commerce des grains d'être la cause de sa misere, c'est précisément attribuer la maladie au remede qui l'a seul adoucie, & qui peut seul en préserver à l'avenir.

Nous disons qu'outre les soulagements qu'une bonne administration peut & doit lui procurer, s'il a lieu d'attendre une vraie, une constante, une bonne augmentation de ses salaires & journées, c'est de la richesse des Seigneurs, des Propriétaires, des Fermiers.

Nous disons que l'*égalisation des prix*, qui naît de la liberté du commerce rural, augmente cette richesse des Producteurs à raison de 3 livres 8 sols par septier de froment, pendant qu'elle n'augmente la dépense de l'acheteur consommateur que de 2 s. 8 deniers sur une même mesure.

Quant au second reproche que nous a fait dernièrement un Auteur fameux de nuire aux Seigneurs propriétaires des halles & marchés, vous voyez, Monsieur, qu'on a répondu par avance.

Outre que le droit de contraindre

l'apport au marché, celui d'empêcher les ventes faites ailleurs, n'existoient pas légalement dans l'origine, les mêmes Seigneurs n'ont-ils pas des fonds, n'ont-ils pas des dîmes & champarts, n'ont-ils pas des lods & ventes?

Toutes ces branches de revenu sont augmentées, ainsi que le prix foncier & la location des terres; elles augmenteront en proportion de la liberté.

Car enfin, Monsieur, il faut observer, en finissant, que les 3 liv. 8 sols d'augmentation par septier sur le *prix moyen* du *producteur vendeur*, sont pour les Seigneurs & les Propriétaires presque un doublement de produit net ou revenu.

C'est la derniere des observations essentielles qui échappent souvent aux gens des Villes.

Il ne faut pas croire que sur les 21 livres moins quelques sols, qui forment le prix moyen du vendeur, il y eût plus de 3 livres de produit net.

Les intérêts des premieres avances, la reprise de celles qui se font tous les ans,

ans, les frais & les faux-frais, sur-tout l'impôt, qui va sans cesse croissant, prenoient environ 17 livres de cette recette.

Aussi les Fermiers assurent-ils tous, & avec vérité, qu'à moins de 17 liv. le septier, *ils sont évidemment en perte.*

Le produit net, ou revenu quitte des Propriétaires, n'étoit donc fondé que sur environ 3 liv. par septier. Le nouvel accroissement a donc été presque un doublement de ce produit net.

Les Fermiers, trop ruinés, en ont dû recueillir leur part; les Propriétaires & les Seigneurs en ont la leur; & ces derniers ne doivent pas regretter la très petite diminution qu'ils éprouveront sur leurs droits de halles & de marchés.

Car enfin ces halles & marchés ne sont, ni ne seront déserts, quoi qu'on affecte d'en dire; & d'ailleurs les Seigneurs en retirent peu, les frais & les faux frais, & les bénéfices des Régisseurs absorbant presque tout. Les fonds ruraux des Seigneurs, les dîmes, les champarts ou terrages, &

les lods & ventes, dont le produit s'accroît sensiblement, compensent bien & au-delà cette légere perte.

TELS sont, Monsieur, nos principes & nos observations sur la liberté rendue par l'Arrêt du 13 Septembre dernier.

J'attends vos difficultés, pour y répondre de mon mieux.

J'ai l'honeur d'être, &c.

Fin des Lettres & Mémoires.